당당한 안녕: 죽음을 배우다

당당한 안녕

죽음을 배우다

이기숙 지음

산지니

서문

이 책은 2015년부터 2년간 〈부산일보〉에 게재된 칼럼 '죽음을 배우다'를 다소 수정 보완하여 만든 것입니다. '한국싸나톨로지협회' 감사이자 한가족요양병원을 운영하는 김근하 이사장님의 권유로 신문에 글을 쓰게 되었고 이 글을 쓰면서 10여 년간 공부한 나의 죽음 연구들도 다소 정리가 되었습니다. 그래서 '죽음 공부'를 주변 사람들과 나누고 싶다는 오지랖 넓은 생각으로 책을 내게 되었습니다.

대학에서 '중노년기 가족'과 '노년학'를 주로 연구하고 가르치면서, 노인연구의 새로운 주제인 '죽음준비교육'에 관심을 가지게 되었습니다. 2002년 '노인 죽음준비교육 프로그램'을 개발한 것을 시작으로, 꾸준히 죽음교육과 상담 분야를 공부하여 '미국 죽음교육 및 상담학회(ADEC)'의 국제죽음전문가 자격을 획득했습니다. 이후 함께 공부한 동료들과 '한국다잉매터스(Korean Dying Matters)'를 만들어 죽음교육과 애도상담을 주요 주제로 하여 다양한 사업을 수행하고 있습니다.

이 책의 글들은 사람들에게 '죽음을 생각하면서 삽시다'라는 캠페인을 들려주는 듯합니다. 생애의 가장 마지막 과제가 '잘 죽는 것'일 때, '어떻게 하면 오래 살되, 많이 아프지 않고, 주위 사람들에게 수고 끼치지 않은 채 잘 죽을까?'는 노년기에 들어선 모든 분들의 소망일 것입니다. 그럼, 무엇을 준비해야 할까요? 이는 초등학교 입학을 위해 부모들이 어린 자녀들에게 무언가를 준비시켜 보내는 것과 같습니다.

'죽음학(thanatology)'은 여러 학문 분야에서 접근되고 있는 통합학문입니다. 철학, 사회학, 심리학, 의학, 간호학, 사회복지학, 교육학, 그리고 필자의 주 전공인 가족학(인간발달학)에서 나름대로 죽음을 바라보고 분석하고 연구하고 전달하고 있습니다. 이 책의 글들은 대체적으로 필자의 학문적 배경인 '가족학적 관점'에서 쓴 것으로, '가는 자(노년기 부모)'와 '보내는 자(성인 자녀들)'의 입장에서 죽음을 바라보면서 떠오른 단상들입니다. 그리고 또 죽으러 갈 수밖에 없는 자와 그들을 보내드릴 준비를 할 수밖에 없는 자들의 상호작용 중간에 위치한 '돌봄, 의례'에 대해 적어 보았습니다.

이 책은 신문 칼럼으로 시작되었기에 '죽음'에 대해 쉽게 접근할 수 있도록 노력하였습니다. 만약 책을 읽다가 더 알고 싶은 것이 있으면 각주에 적힌 관련 책들을 찾아 읽을 것을 권합니다. 더 많은 정보를 얻을 수 있을 것입니다.

죽음을 생각하면, 지금의 나의 삶에 더욱 관심이 높아질 것이고, 더 행복하게 사는 것에 대한 고민을 하게 됩니다. 그래서 용서, 사랑, 헌신 등과 같은 가치가 고양되어 더욱 풍요로운 삶을 영위할 것입니다. 천국과 극락을 향한 무언의 긴 소망을 더해 하루하루의 일상에서 내가 무엇을 하면서 살아야 하는가에 대한 지혜들을 이 책에서 조금이나마 얻어 가기를 바랍니다.

2017년 7월 22일
금정산 자락에서 이기숙

차례

2부 최소의 치료

3부 마지막 파티

4부 보내는 자들의 마음

들어가며

죽음을 드러내고 말하는 시대

인간의 경험 가운데 가장 압도적인 의미를 가지는 것
이 바로 '죽음'이다. 하지만 대부분의 사람들은 여전히
죽음을 우리의 삶과는 동떨어진 것으로 생각한다. 죽음
을 도외시함으로써 죽음의 두려움에서 벗어날 수 있다
고 생각하는 것 같다. 그러나 죽음은 종의 진화 과정에서
지극히 당연하고 바람직한 것이다. 그래서 거부해서는
안 되는, 반드시 수용하여야 하는 우리 삶의 과업이다.

그러나 이 '자연스러운 생의 한 과정'이 우리의 일상에
서는 배제되고 있는 경우가 많다. 과거엔 죽음이 우리에
게 친숙했다면, 현대에 들어서 죽음은 우리의 것이 아닌
전문가의 것들이 되고 있다는 이야기도 있다. 예전엔 집
에서 임종을 맞이하였고, 온 가족이 병상 옆에서 밤을 새
웠다. 아이들도 당연히 죽는 과정을 목격하고, 인간이면
죽는다는 엄연한 진리를 습득하였다. 죽음은 인간이 살
아가는 환경의 하나로 이해되었고 임종과 장례는 울고
웃는 자연스러운 가족생활의 일부로 치러졌다.

그러나 지금은 어떠한가? 사망자의 80% 이상은 병원

등 공공시설에서 운명하며, 장례는 거의 장례식장에서 상품처럼 포장되어 치러진다. 이런 현상을 보고 '가정에서 죽음이 사라졌다고'라고 표현하기도 했다. 그렇게 한쪽 귀퉁이로 밀렸던 죽음이 한국 사회에서도 최근 이슈화되기 시작하였다. 학문적으로도 연구가 많아지고, 죽음교육과 상담, 죽음학, 애도상담 등의 이름으로 전문가 과정이 개설되기도 하였다.

이런 죽음 주제 언급이 최근에 와서 증가하게 된 이유에는 몇 가지 사회적 배경이 있다. 1914년, 1943년의 1·2차 세계대전은 그 끔찍한 참상으로 사람들이 죽음을 입 밖에도 꺼내지 못하도록 했다. 그래서 점점 숨겨지면서, 있는 듯 없는 듯이 존재하던 '삶의 마지막 과정, 죽음'이 최근에 와 다시 일상의 표면으로 올라오게 되었는데, 이는 대형 참사를 겪으면서 '누구나 그렇게 죽을 수 있다'라는 죽음의 보편성이 다시 확산되었기 때문이다.

미국의 2001년 9·11 참사와 대한민국의 2014년 4월 16일 세월호 사건 등은 죽음을 '나의 문제'로 인식하게 만들었고, 인권과 복지 차원에서 가는 자(죽은 자)와 남는 자(유족들)에 대한 공동체 위로작업이 필요하였다. 점점 죽음은 문화, 카페, 상담, 공부, 독서 등과 같은 사회적 활동과 엮이면서 우리에게 친숙한 존재가 되어가고 있다.

동시에 21세기 고령화 사회에서는 평균수명이 연장되면서 생의 마지막 시기인 임종기의 '삶의 질(동시에 죽음의 질)'에 관심을 가질 수밖에 없다. 특히 한국은 청소년과 노인 자살률이 아주 높은 나라로 '왜 그들이 죽음에 의해 이 힘든 삶을 구원받으려 하는가'는 동시대인으로서 우리 모두의 화두이다. 동시에 한국은 고령노인들의 '죽음의 질' 지수가 낮은 국가로, 어떻게 하면 말년에 오래 아프지 않고 잘 돌봐지며, 잘 죽을 수 있는가라는 숙제를 노인들에게 주고 있다. 가족부양의 책임이 약화되면서 준비 없이 혹은 대책 없이 마주치는 생의 마무리를 두려워하기 시작한 것이다.

  우리는 어떻게든 공부하고 또 준비하여 '나의 죽음'을 희망할 줄 아는 그런 노인으로 살아야만 하는 시대에 서 있다.

1부

가는
자들의
준비

죽음에 대한 경험들

사람들은 살아가면서 여러 번 죽음을 목격하게 된다. 나도 어릴 때 길가에 널브러진 병아리, 모가지가 비틀려 죽어가는 시장통 가게의 닭들, 움직이지 않는 지렁이 등을 목격하면서 '죽는다'라는 생명체의 유한성을 느꼈던 듯하다. 청소년 시절에 들었던 조부모님의 부고 소식은 죽음을 단지 하나의 의례(儀禮) 정도로 인식하게 했다. 한집에 살지 않았기에 그 죽음은, 그분들이 잠시 어디 가신 것처럼 그렇게 그냥 받아들여졌다. 그때까지 나에게 이런 죽음들은 다 현실적으로 느껴지지 않았다.

나는 30대와 40대에 두 여동생의 죽음을 보아야 했다. 둘 다 병으로 고생하다가 떠났기에 그들의 죽음을 긴 '안식(安息)'으로 받아들였다. 그리고 후세에 만나자고 약속하였다. 그렇게 약속하지 않으면 그들을 떠나보낼 수가 없을 것 같았다.

내가 중년기를 지나면서 치러낸 부모님의 죽음을 통해, 실제 생명과 죽음은 긴 선 위에 함께 있는 것으로, 죽음도 인생의 한 부분임을 인식하게 되었다. 이후 '나의 죽음은 어떠해야 할 것인가'라는 숙제를 푸는 마음으로

'죽음학(thanatology, 生死学)'을 공부했고, 지금 그 공부를 나누는 중이다.

죽음을 '인생의 마지막 춤'이라고 표현한 국제죽음교육 전문가 더스펠드(DeSpelder) 교수는 죽음을 인간의 모든 경험 가운데 가장 압도적인 의미를 지니고 있는 경험으로 보면서, 우리는 인생의 이 마지막 과업 수행을 위해 노력해야 한다고 했다. 또한, 우리가 사랑에 대해 알고 싶어 하듯 죽음에 대해서도 알고 싶어 해야 한다고 했다.*

죽음은 내 일상 속에 존재한다. 가족의 다양한 죽음 현장에 나의 일상이 놓여 있고, 다양한 사회적 죽음(한 사람 혹은 어떤 집단의 죽음이 사회적 의미를 지닐 때, 우리는 이를 개인적 죽음과 대비해 사회적 죽음이라고 부른다.) 속에 내가 함께 살고 있다는, 이 진리와 함께 우리는 나의 죽음을 생각하지 않을 수가 없다. 성장 과정에서 경험한 다양한 죽음과 내가 아는 고인(故人)의 삶을 먼저 생각해보는 데에서 나의 죽음 준비는 시작되는 것이다.

그럼, 나의 죽음을 어떻게 바라보아야 하는가? 미지의 경험이지만 내가 지금 얼마나 최선을 다해 살고 있는가의 결과론적 표상으로 나의 죽음은 정의될 것이다. 그래서 '나의 죽음은 곧 나 자체이다'라는 단순한 인과관계가 만들어진다.

'당당한 안녕: 죽음을 배우다'가 어떤 분에게는 힘든 사색일 수 있을 것이다. 하지만 나의 인생을 보다 통합적으로 이해할 수 있는 계기로 삼으면서 죽음과 친해질 필요가 있다. 미국의 심리학자 카스텐바움(Kastenbaum)은 "죽음 공부는 죽음을 다루는 것이 아니라, 삶을 다루는 것"이라고 했다.

---

* Lynne Ann DeSpelder & Albert Lee Strickland, *The Last Dance: Encountering Death and Dying*, 2005. 이기숙 · 임병윤 옮김, 『죽음: 인생의 마지막 춤』, 창지사, 2010.

우리는 부모와 자녀 사이에 끼어 있다

답답한 마음을 이야기하고 싶어서 가끔 전화를 걸어오는 지인들이 있다. 긴 병에 효자 없다는 이야기도 있지만 부모를 모시다 지쳐버린(지친다는 그 기준도 상대적이지만) 노년 초기의 자식들 이야기를 듣노라면 '나도 아프면 어찌 할꼬?' 하는 생각이 든다.

지인 K 씨는 50대 후반에 퇴직했다. 이후 그의 일상은 부모의 기사(技士) 역할로 채워졌다. 여든이 훨씬 지난 부모님들은 번갈아가면서 하루가 멀다 하고 치과, 안과, 통증클리닉 등을 오가야 했다. 그 세월이 벌써 10년이다. 늘 차로 부모님을 모시고 병원에 다녀야만 하는 일은 60대 후반 자식에게도 힘든 노릇이다. 정서적으로나 신체적으로. 그나마 동생이 같은 지역에 살고 있어 수고를 나누기도 하지만 장남이라는 책임감까지 보태져 K 씨는 점점 감당하기가 버거워졌다. 가족이 아닌 다른 곳에 하소연이라도 좀 하고 싶었다.

그런 와중에 어머니가 치매 증세를 보이기 시작했다. 약물치료를 받아도 증세가 계속 나빠져서 며느리를 못 알아보는 상태에 이르렀다. 엎친 데 덮친 격으로 아버지마저 앓아눕더니 8개월 만에 돌아가셨다. 병든 어머니를 남겨두고…. 그 사이에 K 씨의 자녀들이 결혼했고 손주들이 태어났다. 아내는 손주를 돌보느라 정신없고 어머니를 챙기는 것은 전적으로 K 씨 몫이 됐다.

이 부부는 그야말로 가족발달 과정상 두 세대 사이에 낀, 협공 받는 세대이다. 정서적, 신체적으로 불안정한 부모와 육아 및 가사에 도움이 필요한 성인 자녀를 도와야 하는 처지에 놓인 것이다. 그 사이 K 씨도 어느덧 70세를 바라보는 나이가 되었다. 치매에 걸린 어머니는 요양병원에 모셨지만 수시로 아들을 찾는 바람에 멀리 움직이지도 못하는 형편이다.

그런 K 씨가 최근 대장암 판정을 받았다. 수술한 후 지속적으로 치료를 받아야 한다는 진단이 내려졌다. 하지만 수술을 받기도 전에 벌써 힘이 빠져 어머니보다 먼저 갈 것 같은 기분이 든다. 그 역시 위로와 지원이 필요한 사람이 된 것이다.

80~90대 부모 세대는 힘든 세월을 거쳐왔기 때문에 '죽음 준비'라는 것을 배울 생각조차 못 하고 살았다. 자식을 믿고 의지하는 마음이 가득한 사람들이다. 늙고 병들면 자식이 다 알아서 해줄 것으로 생각하고 살아온 세대다. 자식과의 관계에서 무엇을 주고받을 것인가에 대한 고민조차 없이 병들고 늙어버린 세대라고 해도 과언이 아니다.

그런 부모들과 갈등을 빚는 자녀 세대도 효심이 부족해서 그런 것이 아니라 긴 세월 부모 수발에 지쳤을 뿐이다. 이런 와중에 "수고하네", "감사해"라는 인사가 그리 쉽게 나오지 않는 관계라면 서로가 힘들 뿐이다. 그런 갈등을 피해 가려면 염치를 아는 노인, 돌봄에 감사하는 노인, 스스로 삶을 정리하려는 의지를 지닌 노인, 나아가 죽음까지 준비하는 노인이 되어야 한다. 지인 K씨의 고민은 이 시대를 살아가는 모든 사람에게 숙제를 던져준다.

짐 되지 않고 늙어가기

친구가 보내준 카톡에 '어느 며느리가 시부모에게 보낸 편지'라는 게 있었다. 웃자고 하는 이야기지만 언중유골(言中有骨)이라고, 그 글엔 '홀로 서기' 하시라는 며느리의 충언이 담겨 있었다. "외로움도 혼자 견딜 줄 아셔야 하고, 나이가 권력은 아니니 물러설 줄도 아셔야 한다"고 했다. 그 글을 쓴 젊은 세대의 생각과 관계없이 나이가 들어갈수록 나름대로 철학을 가지고 노년기를 보내는 지혜가 필요한 것은 사실이다.

친구 P는 나만 만나면 "엄마 때문에 죽겠다"고 하소연한다. 다른 자식들과는 의(義)가 상해 누구도 엄마를 찾지 않는다는 것이다. 이런 지경까지 온 데에는 서로의 잘못이 있을 텐데도 팔십 노모는 아직도 자식들 욕을 하며 모든 것을 맏이인 자신에게만 과도하게 요구한다는 것이다. 그래서 때로는 자기도 엄마가 밉고 질려서 괴롭다고 호소했다.

자녀들의 개인적 상황과 성품에 따라 연약한 부모를 수용하는 정도는 다르다. P는 큰딸이고 성품이 넉넉하며, 무엇보다 늙은 엄마에게 연민을 가지고 있기에 그래도 참고 어머니를 돌보지만, 부모 자리가 은혜를 갚으라고 요구하는 자리도 아닐진대 '어떻게 가족들에게 짐이 되지 않고 잘 늙어가는가'는 아주 중요한 과제일 것이다.

지금의 60~70대는 앞 세대보다 상대적으로 축적해둔 재산이 많은데다 고등교육까지 받은 세대다. 나름대로 노후를 설계할 여유도 있다. 자신은 부모를 모셨지만, 자식들로부터는 '홀로서기'를 권유받는 세대이기도 하다. 몸이 아파도 찾아오는 사람이 없는 설움을 느끼는 때가 많지만, 그 또한 스스로 감당해야 할 몫으로 받아들이는 운명에 처한 사람들이다.

희수(77세), 미수(88세), 백수(99세), 그리고 장수(100세)라는 생일상을 받는 것도 중요하지만, 더 중요한 것은 일상생활(식사, 집안관리, 나들이 등)을 스스로 처리할 수 있을 만큼 건강을 유지하면서 마음을 가다듬는 일이다. 죽음은 이런 일상의 제일 마지막에 오는 것으로, '독립적인 삶을 영위해온 분일수록 죽음 준비도 잘하고 있다'는 연구결과도 있다.

아이들을 학교에 보내면서 우리가 잔소리처럼 해주었던 말들(열심히 해라, 친구와 잘 놀아라 등등)을 이제는 우리 스스로에게 되새김질해줄 필요가 있다. 주위를 살펴보면 아름다운 공원과 도서관도 많고 내 손길을 필요로 하는 손자들이나 다른 어르신들이 수두룩하다. 몸이 아플 때까지 열심히 움직이고 그 이후엔 '오래 아프지 않도록'

스스로에게 신념을 불어넣어야 한다. '자는 잠에 가도록 해주세요'라는 자기 기도는 마치 피그말리온(pygmalion) 효과*처럼 나를 편하게 천국으로 인도해줄 것이다. '인생은 소풍이다'라고들 한다. 이제 그동안 펼치고 놀았던 소풍 가방을 쓸어 담는 시기의 노인들은 '혼자 유치원에 잘 가는 아이'처럼 '혼자 잘 지내는 어른'이 되어야 한다. 징징거려본들 나를 쳐다볼 사람은 마음 넉넉한 친구 외에는 없을 것 같다.

* 피그말리온(pygmalion)효과: 긍정적인 기대나 관심이 사람들에게 좋은 영향을 미치는 효과. 자신이 만든 조각상을 사랑한 피그말리온 신화에서 유래. 간절히 원하면 이루어진다는 의미.

죽음의 복

          친구의 모친 송 여사는 92세라
는 나이에 어울리지 않게 젊다. 6·25 전쟁 때 월남해 젊
은 시절부터 시장에서 가게를 하면서 자녀 교육을 시킨
분이다. 한때는 투박한 이북 사투리에 거리감도 느꼈지
만 지금은 친숙함을 넘어서서 존경을 받을 만한 분이라
는 걸 알게 되었다.

  현재 자기에게 익숙한 동네의 작은 아파트에 혼자 살
고 있는 송 여사는 75세에 남편과 사별하면서 삶의 전
기를 맞았다. 가게를 정리하고 고등학교에 진학한 것이
다. 자녀들이 이젠 "그냥 쉬시라"고 했지만 못다 한 공부
를 하겠다는 그녀의 뜻을 꺾지는 못했다. 이후 송 여사
는 4년 만에 고등학교 졸업장을 받았고, 그 이후에도 각
종 교육센터에 등록해 세상 사는 이치를 다시 배우고 있
다. 가게에서 몇십 년을 장사하면서 사람 공부를 꽤 했다
고 여겼지만 젊은 선생님에게 역사, 사회 관련 수업을 들
으면서 세상을 보는 눈을 새롭게 가지게 되었다고 했다.
요즘도 가까운 주민센터와 문화교실에 나가는 등 노익
장을 자랑하고 있다. "글쿠 말고(그렇지, 그렇지)… 배우는
것은 정말 재미나… 그냥 선생 말을 듣기만 하면 되는 거

야. 뭐 어려울 게 있냐?"라고 하시면서.

그다음 송 여사는 양로원과 복지관에서 봉사 활동을 시작했다. 그곳에서 만난 여성 중에는 자기보다도 나이는 어리지만 투병 중인 분이 많다. 그들의 말벗이 되어주고 가끔 손발 마사지 등을 해주면서 서로 동무가 되는, 그런 시간이 즐겁다. 가끔 며느리나 딸과 갈등이 있어 고민하는 노인의 집을 방문해서 화해를 주선하기도 한다. 그녀는 사람들 속에 있으면서 사람들과 우정을 나누고 있다.

자신의 건강은 날마다 목욕탕에 가서 몸을 청결히 하는 것으로 관리한다. 게다가 매일 사람을 만나 식사하면서 웃고 산다. 물론 건강하게 타고난 신체적 조건도 있겠지만, 낙천적이고 부지런한 것이 큰 몫을 한 것이다. 전쟁 때 피란을 내려와 가진 것 하나 없는 상태에서 새로 시작한 그녀에게 건강한 몸과 건전한 정신이 최고의 재산이었으리라. 그다음으로 중요한 것이 '만나는 사람'이라는 삶의 진리를 터득하고 몸소 실천하는 분이셨다.

많은 연구자가 건강한 노화의 비결로 긍정적인 마음가짐, 폭넓은 사회성, 건강한 섭생 등을 꼽는다. 주변에서 초고령 나이(85세 이상)에도 독립적으로 건강하게 사는 어르신에게서 그런 특성을 발견할 수 있다. 인생의 긍정성은 '내 것을 내어주는 데(마음 비움)'에서 오며, 사회성은 '사람을 귀하게 여길 줄 아는 마음'에서 비롯된다.
이런 분들은 '죽음의 복'도 가지고 있다. 그다지 오래 누
워 있지 않는다. 어느 날 홀연히 간다. 잘 죽기 위해서는
지금부터라도 잘 살아야 한다.

남자들의 생로병사

50~60대 남성들과 세미나를 마치고 저녁 식사를 하는 자리에서 '노후 생활'이 화제로 떠올랐다. 50대 후반의 퇴직 은행원이 도시생활 다 버리고 시골에서 텃밭 가꾸면서 지낸다는 이야기에 남자들은 이구동성으로 물었다. "마누라는?", "부인은 당연히 도시 아파트에 살고 있지!", "밥은?", "빨래는?" 하는 말이 연이어 나왔다. 그중 한 사람이 "마누라 없이 혼자 밥도 잘 먹고, 잘 노는 남자가 몇 명이나 될꼬?" 하니 "3%?", "10%?"라는 대답이 나온다.

은퇴를 앞둔 남성에게 가장 필요한 것은 '마누라 보험'이라는 우스갯소리가 있다. 노후가 편하려면 아내에게 잘하라는 뜻이 담긴 말이다. 평생을 직장 중심으로 살다가 갑자기 생활 패턴을 가정 중심(엄밀히 말하면 아내 중심)으로 바꿔야 할 처지에 놓인 남성들의 심리가 드러나는 말이기도 하다.

최근 낙엽족, 황혼 이혼, 연금 이혼, 졸혼이라는 신조어가 생겨났다. 남편의 권력이 줄어들 때를 기다렸다가 복수하듯 '혼자되게' 내버려둔다는 의미가 그런 말에는 포함되어 있다. 의식주에 필요한 가사 노동에 적응하지 못한 남성이 노후에 아내에게 구박받는 모습을 연상케 하는 용어들이다.

초과 근무를 일삼는 한국의 직장문화와 직무구조 탓에 '저녁이 있는 삶'을 누려보지 못한 남성에게는 뼈아프게 다가올 말이다. 그렇다고 개인적으로 어찌해볼 수 없는 시스템을 여기에서 논할 수는 없고, 퇴직을 앞둔 남성이라면 특히 자신에게 주어진 여건 안에서 일상을 최대한 '가족 중심'으로 재편하려는 노력이 꼭 필요하다. 그동안은 성별에 따른 역할을 수용하면서 살았지만, 자신이 보내는 시간과 공간이 조금씩 직장에서 가정으로 바뀌는 연령대가 되면 생활 태도와 양식을 바꾸는 섭생의 혁신이 필요하다. 인간에게 가장 기본적으로 필요한 '의식주 생활'에 나를 기능적으로 숙달시키는 생활인으로서의 재능이 필요하다.

나이 든 여성들 중에는 남편 시중에 지쳐 불만이 가득찬 여성도 많다. 노년의 부부생활은 어느 단계보다 함께 자취라도 하듯 분담과 협조라는 소소한 재미가 필요한 때이다. 서로가 만나 사오십 년을 함께 살아가는데 그 지루함과 지겨움을 생활의 작은 즐거움으로 이겨내야 하지 않을까? 물론 서로 위하고 아끼면서 초로의 삶을 재미나게 살아가는 분들도 있지만, 위에 언급하였듯 90%의 남성들이 아직도 '마누라(시중드는 사람) 없는 일상'을 소화해낼 마음가짐도 없고 자신도 없다. 그렇다면 그 노년기는 불행하다고 감히 말하고 싶다. 힘이 있고 건강할 때 서로 협조하면서 사랑도 느끼고 가사도 나누는, 그래서 일상의 작은 행복을 만들 줄 아는 현명함을 남성들이 가져야 한다.

평균적으로 여성의 수명이 남성보다 6~7세 정도 높다. 따라서 남성은 여성인 아내의 병수발을 해야 하는 경우보다 수발을 받는 비율이 훨씬 높다. 그런 만큼 모든 남성은 아내의 부양을 받으면서 죽음에 이르는 모습에 한 번쯤 자신을 대입해보는 것도 필요하다. 기저귀 찬 나를 꼬집지 않을 가족이 나에게도 있을 거라는 희망과 함께, 인생 후반의 행복과 즐거움의 원천이 무엇이며, 그 행복과 사랑을 얻기 위해서는 내 자신이 어떻게 변화되어야 하는가를 남자들은 생각해야 한다.

죽는 행운까지
누릴 수 있다니…

'노년의 슬픔'이라는 말이 있다. 늙으면 무엇이 슬퍼질까. 아름다운 단어 '청춘'을 잃어버린 것이 가장 슬플 것이다.

최근 내가 다니는 요가학원에 학기를 마친 대학생들이 새로 들어와 함께 수업을 받는데 그들의 탄력적인 동작이 참 예쁘다. 나에게도 언제 저런 시절이 있었던가 싶다. 어린아이를 돌보는 젊은 엄마들의 자상한 눈짓과 웃음소리도 예쁘다.

7학년, 8학년, 9학년… 점점 버려야 되는 역할들… 그래서 남는 이름은 할아버지, 할머니뿐일 것이다. 힘과 지혜의 누수. 몸이 마모되듯이 정신도 마모되어 머릿속 정보들이 사라진다. 닳는 이(치아), 치료를 지나 그냥 그 마모된 상태로 견뎌야 한다. 안 들리는 귀, 안 들려도 그냥 행복하게 살 수 있는 방법은? 다양한 병… 나이는 자랑이 아니라 우리가 넘어야 할 또 하나의 산, 즉 시련일 수도 있다는 생각이 든다.

내가 만난 90대 어르신들은 그런 슬픔을 가득 안고 계셨다. 나이가 들면서 생기는 그 변화들에 대단한 의미를 부여하지는 않더라도, 적어도 그 변화를 그냥 바라볼 마음의 여유는 있어야 할 텐데, 전의(戰意)를 잃은 병사처럼 공허한 표정이다. 그러나 간혹 90의 연세에도 불구하고 항상 웃음을 잃지 않고 플라스틱 바가지를 들고 분주히 다니는 장수노인을 만날 때도 있다. 어디 노년기라고 슬픔만 있겠는가? 노년기만의 기쁨과 행운도 있을 터. 청춘예찬만 있는 게 아니라 노년예찬도 있다.

늙음을 자랑할 것까지는 없지만 경멸하고 싶지도 않다. 오는 시간과 세월을 자연스러운 인생의 한 모습으로 받아들여 고단한 삶의 무게에서 벗어난 시기가 노년이다. 살아남기 위해 발버둥치지 않아도 되고, 더 누리려고 아귀다툼하지 않아도 되는, 삶이 풍성하게 느껴지는 시기다. 그 위에 나이 들어 죽는 행운까지 누릴 수 있다니… 인생은 신비하기만 하다.

그러나 그 늙음과 죽음은 어느 날 불시에 오는 것은 아니다. 일상 속에서 어떻게 살았는가에 따라 늙는 모습이 다르고, 죽어가는 과정이 다르다. 사춘기를 지나면, 생성되는 세포보다 죽는 세포가 많아져 신체는 실제적으로 노화에 들어간다고 하지 않는가? 그래서 성장기 어린아이가 아닌 이상 살아가는 그 상태가 바로 죽어가는 과정이다. 노년의 우리는 빠른 걸음으로 죽어가는 여정에 올라타고 있다. 그래서 나도 모르는 사이에 죽음의 문턱에 서버렸다고 말하지 말고, 죽음의 마지막 문지방을

선하고 존엄하게 그리고 사랑스럽게 넘어가고 있다고
여기자. 아픈 몸들은 죽어야 낫지 않겠는가? 훗날 우리
는 모두 '죽어야 낫는 병'에 걸릴 것이다. 그래서 죽는다
는 것은 우리에게 또 다른 행운이다.

혼자 죽지는 마세요

며칠 후면 시숙모님의 기일이다. 학교 수업과 겹치지 않으면 자리를 함께할 생각이다. 사랑하는 자손들이 정성껏 제사를 올리는 모습을 바라보면 마음이 흐뭇해지기 때문이다. 그동안 문상도 많이 다녔다. 천수를 누리고 떠나는 사람을 보내는 후손의 감회를 들을 땐 마음이 넉넉해지기도 했다. 배우자를 잃은 사람을 보면서 가슴이 아팠지만, 그래도 저렇게 가족과 친구의 애도 속에서 천국으로 향하는 길을 떠나는 것이 참 다행스럽다는 생각이 들기도 했다. 우리는 나의 죽음 옆과 뒤에 사랑하는 사람들이 늘 있다고 믿는다.

그러나 이 세상엔 '그(그녀)가 죽었다'라는 사실조차 모른 채, 아무도 애도해주지 않는 상황에서 제3자(돈을 받고 이런 일을 하는 업체 종사자)에 의해 장례가 치러지고, 유품이 정리되는 일이 점점 증가하고 있다.* 1인 가구가 늘어난 데 따른 현상이다. 그 때문에 시체가 발견된 후에야 가족이 그 사망 소식을 접하는 사례도 많다. 가족과 연락조차 안 되는 경우도 있고, 심지어 가족이 나 몰라라 하는 일도 많다고 한다. 노인 고독사도 많지만, 젊은이의 고독사도 비일비재하다.** 이혼 후, 혼자 살면서 술로 세월을 보내던 사람의 죽음, 독특한 성격으로 개만 끼고 살았던 어느 여인의 죽음, 폐지를 줍고 근검절약하면서 살다가 떠난 어느 할머니의 죽음 등을 보면서 '나는 어떻게 죽어야 할까'에 대해 더 생각해봐야 할 부분들이 많음을 알게 된다.

나 역시 임종 때 손을 잡고 있을 사람이 없는 죽음은 생각하기도 싫다. 친구든 가족이든 마지막 가는 길에 여러 가지 추억을 나누고, 저 세상으로 이동하는 나의 어깨에 '편안히 가라'는 마음을 얹어주는 그런 분위기 속에서 죽고 싶다. 물론 아무도 없는 곳에서 혼자 죽고 싶어 하는 사람도 있을 것이다. 하지만 고독하게 돌아가신 분의 죽음과 주검을 정리해주는 일을 하는 사람들은 말한다. 외롭게 죽는 사람은 외롭게 살았기 때문이라고. "주검이 전문 업소에서 다뤄지는 사람을 어떻게 잘 살았다고 하겠냐"는 말도 덧붙인다. 절대로 혼자 죽어서는 안 된다는 뜻이다.

최근 자식과 연을 끊고 사는 J 여사의 사연을 듣고 나는 그녀에게 "이 나이에 자식 이기려고 하지 말라"고 조언했다. 물론 관계가 악화된 이유야 있겠지만, 죽음에 가까이 다가가 있는 노년기에는 마음을 열고 더 넉넉한 품성으로, "그래, 인생엔 정답이 없지… 너도 옳았고 나도 옳았어. 서로 웃으며, 잘 지내자"라고 말할 수 있는 어른의 아량이 필요하다고 말했다. 나 죽거든 울지 말고, 부디 내가 아끼고 사랑하던 것들을 정리해주고 나누라고… 양지바른 곳에 묻어달라고 부탁 아닌 부탁을 할 사람인데, 얼마나 나에겐 귀한 존재들인데….

* 김새별, 『떠난 후에 남겨진 것들』, 청림출판, 2015. 유품정리사가 본 슬픈 죽음과 주검 이야기.
** 야마무라 모토키(이소담 옮김), 『나 홀로 부모를 떠 안다』, 코난북스, 2015. 이 책은 고령화와 비혼화가 만나고 있는 사회의 고독한 죽음 사례를 잘 보여주고 있다.

나 떠날 때 손 잡아주오

오페라 교실에서 〈예브게니 오
네긴〉을 시청했다.* 푸시킨이 쓴 소설을 차이콥스키가
오페라로 만들었는데, 스토리가 있음에도 불구하고 운
문형식으로 된 아름다운 작품이다. 연인에게 사랑을 맹
세하면서 여주인공은 "당신이 죽을 때까지 당신 옆에 있
겠노라"라고 편지를 쓴다. 그 사랑은 비극으로 끝났지만
"당신이 병들고 아프고 추할지라도 나는 당신을 버리지
않겠어요"라는 말은 참 감동적이다.

30여 년을 호스피스 자원봉사자로 활동하는 B 여사의
말에 의하면 임종 직전의 가족 혹은 부부의 모습이 참
다양하다고 한다. 어떤 임종 모습이 가장 아름다우냐고
물어보니 "행복한 죽음은 사랑하는 사람의 목소리를 들
으면서, 눈길을 받으면서, 손길이 닿은 상태에서 숨을 거
두는 것"이라고 자신 있게 말한다. 하지만 그런 모습으
로 세상을 떠나는 사람은 생각보다 흔하지 않다고 K 여
사는 귀띔한다. 나는 어떤 배웅을 받으며 세상을 하직할
것인가를 생각하게 하는 대목이었다.

내가 아는 L 여사는 불교 신도도, 기독교인도 아니었
다. 그러나 그녀는 대장암이 재발해 병원 생활을 하던 남

편으로부터 "집으로 가고 싶다"는 말을 듣고 두말없이 남편을 집으로 옮겨 방문간호사의 도움을 받으며 그를 돌봤다. 병원은 편리하다고는 하지만 정해진 치료가 끝나면 떠나야 하는 곳이고, 회생 불가능을 예감한 환자에게는 죽음을 맞이할 곳이 아닌 낯선 공간일 뿐이다.

집에서 돌보는 일이 힘들기는 했지만 L 여사는 최선을 다했다. 못다 한 이야기도 나누고, 자녀와, 손자, 손녀들과도 편안한 마음으로 작별 인사를 나누었다. "사랑해요, 아버지", "그동안 수고하셨어요", "이젠 마음 놓고 가세요." 자식들의 헌사를 들으면서 L 여사의 남편은 떠났다. 아마도 자신의 삶을 되돌아보며, 자신이 이룬 많은 것들의 의미를 되새기고, 이제 내 할 일은 다 했다고 여기면서 성취감과 행복감을 가지고 가셨을 거라고 가족들은 생각하였다. 가족들 스스로도 아버지에게 감사해했고, 무엇보다 아버지를 잘 보내드렸다는 생각에 후회나 죄의식, 비탄 등이 없었다.

반면 배우자가 "집에 가서 죽겠다"고 거듭 말하는데도 집으로 옮겼을 때의 그 분주함과 막막함 때문에 이를 무시한 경우, 즉 가족의 입장에서만 죽음 환경을 바라본 경우에는 막상 임종을 하고 나면 '충분히 사랑을 나누면서 보내주지 못했다'는 애석함이 커진다.

임종을 앞둔 환자를 돌보는 가족이라면 '환자가 원하

는 죽음'은 어떤 것인가에 대해 생각해보고 죽는 자의 입
장에서 죽음 환경을 만들어주는 일이 필요하다. 어느 나
라에서나 노인들이 바라는 죽음은 익숙한 자신의 집에
서 사랑하는 사람의 손을 잡고 먼 길을 떠나는 모습이지
않을까 한다.

* 필자가 감상한 오페라는 2013년 공연된 메트로폴리탄 오케스트라(발
레리 게르기예프 지휘)의 작품이다. 오네긴 역으로는 바리톤 마리우쉬
퀴베첸(1972년, 폴란드생)이, 타티아나 역으로 소프라노 안나 네트렙코
(1971년, 러시아생)이 출연하였다.

죽음 예감

코끼리는 죽음의 시기가 다가오고 있음을 알게 되면 무리에서 떨어져 나와 밀림 속 깊은 곳에 있는, 아무도 모르는 코끼리들의 무덤으로 향한다. 그리고 무덤에 도착하면 산처럼 쌓여 있는 뼈와 상아 위에 저 홀로 고요히 몸을 누인다. 고양이도 죽을 때가 되면 살던 집을 떠나 어딘가로 가버린다는 이야기를 들은 적이 있다. 다카시*도 죽을 때에는 코끼리처럼 모르는 곳으로 가서 아무에게도 발견되지 않은 채 고요히 죽고 싶다고 늘 생각해왔다.

고승(高僧)들도 입적(入寂)할 때면 죽음을 예감하고 절을 떠나 깊은 숲으로 들어가 홀로 죽음을 맞이한다고 한다. 그렇다면 평범한 사람들은 왜 그렇게 하지 못했을까? 몇 년 전 지인으로부터 들은 이야기다. 평소 일상의 사소한 일에는 관심 없이 살던 집안 어른이 79세가 되고 나서 어느 날, "나 내일 죽는다"라고 하더란다. 가족들은 평소에도 그분의 생각을 잘 알 수 없었기에, 왜 저런 말씀을 하실까 생각하면서도 가볍게 지나쳤단다. 그런데 아침에 어른이 기침(起枕)을 안 하기에 방문을 열어보니 이미 돌아가셨더라는 것이었다. 그 놀라운 이야기 끝에 우리는 그렇게 편하게 돌아가시다니… 돌아가실 날짜를 어떻게 아셨던 걸까… 설왕설래하였다.

나는 타인의 죽음이나 사고를 예감하는 신비롭고 비이성적인 경험에 대해서는 잘 모르겠지만, 이런 이야기를 통해 사람이 죽기 전에 어떤 징후를 보인다는 것에는 공감할 수 있었다. 의학에서 말하는 그런 것 말고 감정적으로 느끼는 것, 즉 예감하는 '죽음의 전조나 징후'라는 게 있는가 하고 책을 살펴보았다. 티베트의 승려 달라이 라마는 사람의 태도가 갑자기 바뀌면 그건 죽음의 신이 그를 부르고 있는 징조라는 이야기를 했다. 우리도 어떤 사람의 태도가 평소와 확연히 달라지면 "저 사람 죽으려고 저러나" 하지 않는가?

죽음이 나를 부르는 징조를 어떻게 알아챌까? 삶에 대한 과도한 집착으로 눈이 어두워지지 않는다면, 죽음을 향해 가만히 귀를 열어, 저 멀리서부터 앙쿠(ankou)의 수레[**]가 굴러오는 미비한 소리까지도 들을 수 있는 그런 삶을 살아야만 아름다운 삶이라고 표현하는 글도 있다.[***]

인디언 오지브웨이족(ojibway)은 사람이 죽으면 서쪽을 향해 여행을 떠나는데, 강을 건너야만 이 세상보다 더 아름답고 풍요한 세상에 도달하게 된다고 믿었다.[****] 죽음의 문턱을 넘는 걸 '강을 건너다'라고 표현하는 예는 많다. '요단강'도 그렇고, '님아, 그 강을 건너지 마오'라는 영화 제목도 그렇다. 강 너머 그 세상에서는 조상과 친척, 가족을 모두 만날 수 있는데, 그런 천국의 땅에 들어가려면 그럴 만한 자격이 있어야 한다고 했다. 내가 가야 하는 그곳을 인식하고 고대하다 보면 가까워졌다는 징조가 느껴지리라 믿는다. 죽음예감— 감히 이런 글도 적어본다.

* 다치바나 다카시(전화윤 옮김), 『죽음은 두렵지 않다』, 청어람미디어, 2016.
** 예로부터 프랑스 서북부 해안 지방 사람들은 밤에 수레바퀴 구르는 소리가 나면 집에 틀어박혀 꼼짝하지 않았다고 한다. 끔찍한 해골모습을 한 죽음의 일꾼 '앙쿠(ankou)'가 수레를 타고 누군가의 목숨을 거두러 다닌다고 생각했기 때문이다. 당시 사람들에겐 이 수레바퀴 소리가 '죽음의 전조'였던 셈이다. 수레바퀴는 당연히 낮에 일을 하러 굴러다녀야 하는데, 그 수레바퀴가 밤에 다니는 데에는 다른 이유가 있으며, 그 이유를 죽음과 연관시켰던 것이다.
*** 이경신, 『죽음공부』, 동녘, 2016, p.119-121, p.127.
**** 달라이 라마(이종복 옮김), 『달라이라마, 죽음을 이야기하다』, 북로드, 2004. 재인용, 이경신, p.158.

웃으면서 죽음을
이야기하다

영국 작가 줄리언 반스(Julian Barnes)의 책 *I don't believe in God, but I miss him*(나는 신을 믿지 않지만 신이 그립다)이 우리나라에 번역되어 나왔다.* 저자가 살면서 경험한 가족, 친구들의 죽음 이야기를 그만의 독특한 글솜씨로 풀어낸 책이다. 그는 할머니의 죽음을 시작으로 병에 찌든 상태에서 제대로 부양받지 못하고 세상을 떠난 부모와 친구, 지인들(주로 예술가들)의 죽음에 관련된 이야기를 수다스럽게 풀어냈다. 짐짓 웃으면서 죽음을 이야기하는 것처럼 보이지만 내가 볼 때 저자의 숨은 의도는 '죽음에 대한 두려움'을 성찰해보려는 것 같다.

나도 아직은 죽음이 무섭다. 미지의 세계로 들어가면서 편하게 그 턱을 넘을 수 있을지 모르겠다. 많이 아파 주위 사람을 괴롭히게 되면 어떻게 할까. 정체 모를 마지막 과업을 피할 수는 없을까…. 작가 반스도 마찬가지였다. 『사랑은 그렇게 끝나지 않는다』라는 책을 통해 그는 아내와 사별한 사연, 그리고 살아남은 자의 슬픔에 대해 적으면서 "비로소 죽음을 직면할 수 있었다"고 고백했다. 그 과정에서도 여전히 모호한 감정들이 의심스러워 본격적으로 그가 아는 사람들을 거론하면서 "어찌어찌 죽더라"라고 수다를 떤다. 죽음에 대해 실컷 말하고 실컷 쓰고 나니 덜 두려워지더라는 말을 하면서 그는 책 말미에 "오너라! 네가 오면 나는 숨을 죽이고 너를 맞이하리라"라는 초월성마저 보여주고 있다.

죽음 공부도 이와 같다. 초반에는 자기가 경험한 이야기를 풀어낸다. 부모, 자녀, 배우자, 친구의 이야기가 다 나온다. 도저히 가슴이 아파 말을 못 하겠다는 사람도 있다. 아직 비탄의 감정이 곤두서 있기 때문이다. 그런 사람은 다른 사람의 이야기를 들으면서 자신의 경험을 끝자락에서부터 녹여내는 시간이 필요하다. 10~12회 정도의 프로그램이 끝날 때쯤 그런 사람들의 심경변화를 들어보면, 나의 경험이든 남의 경험이든 반복되는 죽음이야기, 죽음 학습을 통해 죽음이 평상적 단어로 인식되고, 누구나 죽는데 (안타깝게도) 조금 빨리 죽은 걸로 정리가 되고 있음을 알 수 있다. 이 단계에서 신앙을 가진 사람들, 특히 기독교인들은 하나님 나라에 입성한 것을 축복하기도 한다. 종교를 믿지 않았던 줄리언 반스는 신앙인을 부러워하였다. 당신들은 자신의 죽음에 대해 뭐라고 말하고 싶은가?

내 글을 읽는 사람들 중 누군가가 '죽음 이야기'를 어찌 그리 편안하게 풀어내느냐고 묻는다면 나는 이렇게 반문한다. "죽음 관련 글을 자꾸 읽으니 죽음에 대한 생각이 바뀌는 것 같은가요?" 이 물음에 '웰 다잉(well-dying)', '아름다운 숙제'라는 표현으로 점점 자신의 죽음을 생각해보게 되었다는 대답이 많았다. 내 앞에 남아 있는 가장 큰 숙제일진대, 나의 죽음에 대한 글 하나 안 써보고, 그림 하나 안 그려보고 어찌 그를 맞이할 수 있겠는가?

* 『웃으면서 죽음을 이야기하는 방법』(최세희 옮김, 다산책방, 2016)이라는 제목으로 출간되었다.

죽을 때 후회하는 것들

오츠 슈이치*는 말기 암환자의 고통을 덜어주는 호스피스 전문의이다. 그는 20여 년간 임종 환자들과 나눈 이야기를 책으로 펴내었다. 이 책에서는 죽음에 가까워진 환자들이 비로소 절감하는 이야기가 있다. 그 이야기들은 "그렇게 살지 말고 이렇게 살라"는 뼈 아픈 조언이다.

죽음을 앞둔 사람들이 신음하듯 내뱉는 이야기는 너무나 뻔한 말일 수도 있다. 하지만 바로 그 말들이 현실을 살아가는 사람에겐 '인생의 소중한 공통분모'와 같은 것들이다. 이 작은 공통분모들은 조금만 더, 조금만 더 하는 욕심 때문에, 지루하다시피 반복되는 하루하루에 떠밀려 잊고 살아온 것들이다. 이것들을 다시 정리하면서 나뿐만 아니라 이 글을 읽는 모든 분들이 날마다 '밥 먹고 똥 싸며 살아가는 사람'으로서 품위를 지키고 살았으면 한다.

— 인생에서 가장 소중한 것은 '건강'이다. 건강이 나쁘면 주위에 폐를 끼친다.(죽는다니까 술 끊고 담배 끊는 이들, 이해 안 간다. 더 하시지…)

— 언제 어디서든 '고맙다'는 말을 많이 하라.(배우자에게도, 자식에게도, 버스 기사님에게도.)

— 언제나, 누구에게나 친절히 하라.

— 양심에 걸리는 일은 피하라.

— 아름다운 사랑을 한 번쯤은 해보아야 한다.(아, 떨리는 마음… 간직하고 살리라!)

— 자신이 '하고 싶은 일'을 하라.(생업과 '하고 싶은 일'이 일치되지 않아도 된다. 둘 다를 즐겨라.)

— '태어나서 이렇게 살았다'는 인생의 증거를 정리해보라.('엔딩 노트' 작성은 하셨는지?)

— '삶과 죽음'이 항상 같이 있다는 사실을 잊지 마라.

— 자신의 장례식을 미리 생각해둬라.

— 신의 가르침을 알려고 노력하라.(내가 왜 이 세상에 왔는가? 다시 태어난다면 어떻게 살 것인가? 천국과 극락에 가서는 어떻게 살고 싶은가? 이 답을 나는 누구에게 의존해서 얻을 수 있는가?)

어르신들과 수업을 하면서, 자식들에게 남기고 싶은 소중한 한마디를 해보라고 하면 대체로 비슷한 답이 나온다. '형제간에 서로 사랑하라', '죄 짓지 마라', '돈보다 더 소중한 것이 있다' 등등. 어떤 분은 자신의 경험에 근거해서 '절대 보증을 서지 마라', '첫사랑과 결혼하라' 등으로 듣는 사람의 웃음을 자아내기도 한다. 그렇다면 당신은 어떤 한마디를 남기고 싶은가?

* 오츠 슈이치(황소연 옮김), 『죽을 때 후회하는 스물다섯 가지』, 21세기 북스, 2009.

누가 나를 끝까지
사랑해줄까?

죽음준비교육에서 나오는 여러 주제 중에 '누구와 마지막까지 살 것인가?'라는 질문이 있다. 노인들은 '내 집에서 배우자 혹은 자식들과 함께'를 가장 원한다. 사실 여건이 허락한다면 죽기 전까지 본인이 살던 익숙한 그 공간에서 살다가(집에서의 요양이 도저히 어려워지면 전문기관에 가야 하지만) 가는 것이 가장 바람직하다. 이것은 동서양을 막론하고 고령노인들이 가장 바라는 마지막 삶·죽음의 모습이다.

노인들이 스스로 밥을 먹을 수 있고 화장실 출입을 편하게 하는 등 일상생활 동작이 느리긴 하지만 가능하다면 사실 걱정은 없다. 최소한의 생계비만 보장된다면 85세 이후의 초고령 노인이라도 삶은 유지되고, 때로는 행복하기도 할 것이다. 복지관에 오시는 75~80세 어르신들은 자신만만하다. 그러나 언젠가는 거동이 불편해져 혼자 대소변을 가리기 힘들거나 스스로 숟가락질을 할 수 없는 시기가 반드시 온다. 나는 그러면 어떻게 할 거냐고 묻는다. 대부분의 노인들이 그런 상황이 오리라고는 생각해보지도 않았다면서, "팍 죽어야제", "병원에 가야제", "자식이 돌봐주겠지"라고 대답한다.

노인들은 어떤 장소(집, 병원, 요양원 등)에 있든 가족들이 자신을 챙겨주기를 바란다. 병원에 동행하고, 문병도 오고, 가끔은 이야기 상대도 되어주는 등 나를 위해 충성해주기를 바란다. 사랑받는 사람이고 싶어 한다. 나는 다시 묻는다. 사랑받을 일을 지금도 하느냐고. "아이고, 키워줬는데…", "그런 말 마소. 자식들은 우리에게 빚 없다오", "자식들 믿으면 안 되제", "과연 누가 내 옆에 있을 수 있는가?" 등으로 이야기들이 이어진다. "가족이 처한 환경에 따라 다르겠지만, 언젠가 나를 귀찮아하지 않고 챙겨줄 수 있는 사람이 있다고 자신 있게 말할 수 있는 분?"이라는 질문에는 많은 분들이 입을 다문다. 형제, 자녀, 혹은 손자들까지 서로 시간을 낼 수 있는 가족지원망이 필요한데, 그걸 만들어놓고 사는 어르신들이 별로 없다.

　정신은 멀쩡한데 다른 사람의 도움을 받아 대소변을 처리하는 한 어르신은 이럴 줄 몰랐다면서 허탈해한다. 이런 시기는 누구에게나 온다. 그때 누가 내 옆에 있을 것인가, 내가 누구와 살 것인가 등은 지금부터라도 생각해보아야 한다. 이 숙제에 자녀들이, 손자·손녀들이 얼마나 우호적인가는 지금까지 당신이 어떻게 살아왔는가, 혹은 이 세상에서 자녀들이 무엇이 더 중요하다고 배웠는가에 달려 있다. 병상에 있을 나를 위해 책 읽어주는 손자·손녀를 기대하며….

사랑받는 노인

16세기 프랑스를 대표하는 사상가 몽테뉴는 『수상록』*에서 이런 이야기를 했다. "경제적 도움을 주는 대가로밖에 자식의 애정을 받을 수 없다면 그는 참 가련한 부모이다. 사람은 자신의 가치와 능력으로 존경을 받아야 하고, 착한 마음과 온화한 태도로 사랑받아야 한다."

B 여사는 7년째 요양병원에 계시는 어머니를 극진히 모시는 60세 여성이다. 가끔 이분은 나에게 이런 하소연을 한다. "늙으면 누구나 어린아이가 된다고 하지만, 그 정도가 너무 유치하고 부끄러운 건 어찌해야 할까요?" 오늘도 어머니 이야기를 하시려나 싶어 전화기를 귀에 댄다. 이야기인즉, B 여사의 어머니가 계시는 요양원에는 한 방에 세 분의 어르신이 계시는데, 두 분에게는 찾아오는 사람이 없다고 한다. 찾아오는 자식 하나 없는 그분들을 B 여사의 어머니가 노골적으로 괄시한다는 것이다. 자신은 꼬박꼬박 자식이 찾아오니 으스대는 것이었다. 물론 그러지 마시라는 이야기를 여러 번 했건만 도통 듣지 않는다고 했다. 그리고 뭘 사다 드리면서 나누어 잡수시라고 해도 절대 그분들과 나누어 먹지 않아 너

무 부끄럽단다. "내 과자를 왜 저 사람들과 나누어 먹어야 돼?"라고 하며 오히려 과자를 더 깊이 감춘다는 것이다. "제 엄마지만, 부끄러워요. 어쩜 그리 염치도 없고 아귀 같으실까요?"

초고령 노인 가운데도 예의 바르고, 스스로를 어른이라 여겨 어른스럽게 행동하는 분도 계신다. 벼가 익으면 수그러지듯, 공자(孔子)가 나이 70이 지나면 무엇이든 하고 싶은 대로 하여도 법도에 어긋나지 않는다고 한 것처럼, 세상의 이치를 깨닫고, 아래위 구별도 없고, 남자여자도 없는, 오로지 '모든 사람이 다 선한 존재'인 듯 사람을 대한다. 그런 분들을 보면 '삶에 대한 통합감'에 존경의 마음이 우러난다.

그러나 지금 90대 어른 세대에 대해서는 각별한 이해가 필요하다. 그들은 대체로 무학(無學)이다. 그들의 삶은 평생 생존을 위한 투쟁이었다 해도 과언이 아닐 것이다. 그들은 자식새끼 배곯지 않게 하기 위해 일하고, 행복을 위해서라기보다는 더 불행해지지 않으려고 본능적인 삶을 살아왔을 것이다. 그들은 몸을 방패 삼아 온갖 악행과 함께 살아왔을 수도 있다. 그런 어머니로부터 우리가 배울 교훈은 "우리 세대는 어찌 늙을 것인가가 아닐까?" 하는 이야기를 B 여사와 나누었다.

언젠가 우리도 80이 되고 90이 된다. 몽테뉴가 언급하였듯이 자신의 가치, 착한 마음, 온화함 등이 어른에게는 더 필요하다. 내가 살아온 세월이 내 언행에 묻어나는 법이다. 글도 알고 세상 사람도 자주 만나는 이 시대에 노인으로 성장해가고 있는 우리는 '노인다움'이 어떤 것인지 늘 생각해야 한다.

* 몽테뉴의 수상록은 방대한 책이어서, 좀체 완독이 어렵다. 대신 '죽음'에 관한 글은 수상록의 일부만 정리한 『나이 듦과 죽음에 대하여』(고봉만 옮김, 책세상, 2016)를 보면 더 쉬울 듯하다.

마지막 말

미국 컬럼비아대학교 신경정신과에 재직했던 올리버 색스 교수는 암 진단을 받고 2년여 시간 동안 '죽음의 여정'에 대한 글을 썼다. 점점 쇠락해져가는 자신의 육체와 정신을 냉철히 들여다보면서, 이 아름다운 행성 지구에 와서 생각하는 동물로 살려고 노력했던 자신의 이야기를 차분하게 적었다. 그리고 그 글은 『고맙습니다』*라는 제목의 책으로 출간되었다.

아직 죽음의 문턱에 가보지 못한 나는 '죽음에 임박한 분들이 생각하는 것, 그들이 정말 간절히 말하고자 하는 것'이 궁금하다. 60이 넘게 나름 길다면 긴 인생을 살면서 너무나 많은 일들을 경험한 나의 눈에는 지나온 세월에 무엇 하나 중요하지 않은 것이 없다. 인생 선배들은 사람의 일생을 '일장춘몽' 같다고 말한다. 삶의 마지막 장면에서 인생을 바라보는 느낌은 과연 무엇일까 궁금해하고 있던 차에 색스의 책이 나왔다는 소식을 듣고 한달음에 서점으로 달려갔다. 색스가 마지막으로 우리에게 하고 싶었던 이야기는 한 단어로 '고맙습니다(Gratitude)'였다. 감동스러웠다. 책 속의 작은 글 「나의 생애」는 암이 다시 전이되어 이젠 몇 개월밖에 살 수 없을 것이라는 진단이 내려진 후 그가 생애를 돌아보면서 쓴 글이다.

지난 며칠 동안 나는 내 삶을 높은 곳에서 내려다보는 풍경처럼 바라보게 되었다. 삶의 모든 부분은 하나로 이어져 있다는 느낌이 들었다… 지금도 나는 살아 있다는 감각을 강렬하게 느끼고 있다. 남은 시간 동안 사랑하는 이들에게 작별 인사를 하고, 글을 더 쓰고, 그럴 힘이 있다면 여행을 하고, 새로운 수준의 통찰을 얻기를 기대한다… 이젠, 꼭 필요하지 않은 것에 내줄 시간이 없다. 나 자신, 내 일과 친구들에게 집중해야 한다. 이것은 무관심이 아니라 초연(超然)이다. 지구온난화, 증대하는 불평등에 여전히 관심 있지만, 이런 것은 이제 내 몫이 아니다. 이런 것은 미래에 속한 일이고, 다음 세대의 일이다… 나도 두렵다. 그러나 내가 무엇보다 강하게 느끼는 감정은 '고마움'이다. 나는 사랑했고, 사랑받았다. 남들에게서 많은 것을 받았고, 나도 조금쯤은 돌려주었다. 세상과의 교제를 즐겼다. 이 아름다운 행성에서…

몇 년 후가 될는지는 모르겠지만, 죽기 직전 나의 마음

에도 나를 존재하게 한 모든 것들에게 '고맙습니다'라는
감정이 강렬히 남아 있기를 고대한다.

* 올리버 색스(김명남 옮김), 『고맙습니다』, 알마, 2016.

"나 하늘로 돌아가리라"

　　　　　2007년, 만년소녀 같은 유경
선생*과 함께 죽음교육 프로그램을 진행한 적이 있다.
유경 선생은 프로그램 이름을 '하늘 소풍'이라고 제안하
였다. 기독교에서는 죽는 것을 '하늘나라에 가셨다', '소
천(召天)하셨다'**라고 표현하지만 천상병 시인의 시 「귀
천(歸天)」의 마지막 단락에 나오는 "나 하늘로 돌아가리
라. 아름다운 이 세상 소풍 끝내는 날"이 더 많이 인용되
곤 한다.

　그 뒤, '이 세상을 떠나는', '죽음맞이', '좋은 죽음' 등
을 언급하는 글에서 자주 인용되는 「귀천」을 만나면 마
치 어린 시절 옛 사진을 보는 듯이 반갑고 반가웠다. 죽
음 공부를 하면서 나도 그 시를 외우는 수준까지 올라
갔다.

　　나 하늘로 돌아가리라.
　　새벽빛 와 닿으면 스러지는
　　이슬 더불어 손에 손을 잡고,

　　나 하늘로 돌아가리라.

노을빛 함께 단둘이서
기슭에서 놀다가 구름 손짓하면은,

나 하늘로 돌아가리라,
아름다운 이 세상 소풍 끝내는 날,
가서, 아름다웠더라고 말하리라.

　시인은 죽는다는 걸 '하늘로 돌아가리라'라고 표현하
며, 인생을 '아름다운 소풍'으로 은유한다. 그래서 시인
의 시어에는 복잡한 이 한 세상 이제는 기꺼이 마치고 기
쁘게 가야지, 라는 '의연함과 초월함'이 보인다. 나이 들
어 쓸쓸하거나 삶의 고단함 같은 이 세상의 흔적은 어디
에도 보이지 않는다.
　실제로 천상병 시인은 대단히 가난하게 살았다고 알
려져 있다. 그럼에도 불구하고 이 가난을 벗어나고 싶어
서 저 세상을 보는 게 아니라, 저 세상 하늘을 통해 이 세
상을 바라보는, 전망의 방향이 우리와는 사뭇 다른 분이
다. 마치 어린아이같이, 무욕(無慾)의 종교인처럼…. 그래
서 사람들은 세속적인 삶에서 벗어나지 못하는 스스로
를 못마땅해하면서 동시에 시인의 초연함이 부러워 그의
시를 자주 읽는가 보다.

아버지 어머니는
고향 산소에 있고

외톨배기 나는
서울에 있고

형과 누이들은
부산에 있는데,

여비가 없으니
가지 못한다.

저승 가는 데도
여비가 든다면

나는 영영
가지도 못하나?

생각느니, 아,
인생은 얼마나 깊은 것인가.(「소릉조」 전문, 『새』)***

여비가 없어 저승도 못 가겠다는 그의 유머가 멋있다.

마지막 줄의 "인생은 얼마나 깊은 것인가"에서, 우리는 다시 살아가야 하는, 의미 있게 잘살아야 하는 책임을 느낀다.

* 『마흔에서 아흔까지』(서해문집, 2005)의 저자.
** 소천(召天)은 국어사전에는 나오지 않는 단어로, 선교 초창기에 한국 교회가 조성한 단어이다. '하나님의 부르심을 받다'란 의미인데 문법상 맞지 않다고 하여 지금은 잘 사용하지 않는 말이다.
*** 2016년 12월 20일 장석주 블로그(네이버캐스트-문학광장-천상병)에서 발췌함. 여기 인용한 시들은 (유고)시집 『새』(조광출판사, 1971)에 실려 있다. 여기서 '유고'를 괄호 안에 넣은 것은 실제로 천상병 시인이 죽지 않았음에도 동료 시인들이 그가 죽은 줄 알고 만들어준 책이었기에 그렇게 표시한다고 한다. 진짜 유고시집은 1993년 간행된 『나 하늘로 돌아가네』이다.

죽어서도 당신 옆에
있겠어요

　　　　　타이완이 자랑하는 사회비평
가이자 베스트셀러 작가인 룽잉타이는 돌아가신 부모에
대한 그리움을 글로 적었다.* 노년기에 들어선 딸이 가슴
속 깊이 간직해둔 부모와의 추억을 아름다운 글로 풀어
내었다. 돌아가신 부모에게 바치는 헌사이자 글로 적은
작별 인사라고나 할까.

　책 속의 룽잉타이는 어릴 적 머리를 땋아주시던 아버
지의 그 손길을 잊지 못한다. 힘들고 지칠 때 잠잠히 받
아주시던 목소리가 가슴에 사무친다. 휠체어를 타고 소
변을 지리시던 아버지의 가여운 모습도 떠올린다. 떨어
지는 나뭇잎처럼 훌쩍 가버린 부모를 생각할 땐 자기 몸
을 불태우면서 세상을 밝히는 양초를 연상한다. 다신 볼
수 없는 부모를 그리워하면서 인생의 허무함을 되씹는
글이 감동을 자아낸다.

　하지만 사랑하는 사람을 보내는 마음만 애잔하리라고
생각하지 않는다. 사랑하는 친지를 남겨두고 먼저 떠나
야만 하는 사람의 마음도 같을 것이다.

　이 책을 본 후, 마종기 시인의 시 「바람의 말」**이 입가

에 맴돌아 다시 읽어보았다.

우리가 모두 떠난 뒤
내 영혼이 당신 옆을 스치면
설마라도 봄 나뭇가지 흔드는
바람이라고 생각지는 마.

나 오늘 그대 알았던
땅 그림자 한 모서리에
꽃나무 하나 심어놓으려니
그 나무 자라서 꽃피우면
우리가 알아서 얻은 괴로움이
꽃잎 되어서 날아가 버릴 거야.

꽃잎 되어서 날아가 버린다.
참을 수 없게 아득하고 헛된 일이지만
어쩌면 세상 모든 일을
지척의 자로만 재고 살 건가.
가끔 바람 부는 쪽으로 귀 기울이면
착한 당신, 피곤해져도 잊지 마,
아득하게 멀리서 오는 바람의 말을

내가 죽은 뒤 그들은 나를 그리워할까? 바람이 되어서라도 그들 옆에 머물까? 사랑하는 가족을 두고 떠날 수밖에 없는 임종기(臨終期) 환자의 마음은 그리하리라. 난 언제까지나 너희들 곁에 있을 거야. 그래서 우리는 가는 여정에 들어선 분들에게 최선을 다하여 사랑을 보내야 한다. 그들의 그 슬픔이 기쁨이 될 때까지. 기쁘게 떠나도록….

* 룽잉타이(도희진 옮김), 『눈으로 하는 작별』, 양철북, 2016.
** 시집 『안 보이는 사랑의 나라』(문학과지성사, 1980)에 수록되어 있다.

죽음에 길들다

나이 지긋한 선배가 이런 말을 하셨다. "7학년(70대)하고 8학년(80대)은 달라. 8학년이 되니까 자연히 죽을 일이 걱정되네. 그래서 문상을 갈 때마다 빈소에 걸려 있는 사진이 자꾸 눈에 들어와. 저 자리에 걸릴 내 사진은 어떤 모습일까? 내 장례식은 어떻게 치를까? 누가 나를 그리워해줄까? 관 속에 누워 있는 육신을 떠난 내 영혼은 어디서 머물다 갈까. 이런 상상을 자주 하다 보니, 어느 순간부터 죽음을 준비해야겠다는 생각이 숙제처럼 다가오네." 참 현명한 선배다.

16세기 프랑스를 대표하는 사상가 몽테뉴는 "죽는 법을 아는 그 사람이 바로 철학하는 사람이다"라고 했다.* 늙고 아프고 죽는 것은 자연의 이치로, 삶에서 죽음으로 건너가는 것을 아름답게 받아들이고, 도중에 만나는 강과 다리를 무심히 보지 말라고 가르쳤다. 죽음에 대한 두려움을 극복하는 방법은 죽음에 대한 생각을 한시도 놓지 않는 것이라는 말도 남겼다.

적어도 8학년이 되면 매일의 묵상엔 나의 편안한 죽음을 기원하는 소리가 들어가야 한다. 가까운 사람의 죽음부터 성인의 죽음까지 생각해보면서 나에겐 이런 죽음

(어디서, 어떻게, 누구를 보면서)을 허락해달라는 간절함과 나의 영혼을 내가 원하는 방향으로 인도해달라는 강렬한 바람을 가져야 한다.

로마의 귀족 카니우스 율리시스는 덕망이 높고 의지가 강한 인물이었다. 사형 선고를 받고 집행대에 올라선 율리시스는 황제로부터 질문을 받았다. "지금 자네의 영혼을 어떤 상태인가?" 이에 율리시스는 의연한 자세로 답했다. "지금 나는 온 힘을 모으고 단단히 준비하고 있습니다. 그토록 짧고, 간단한 죽음의 순간에 내 영혼이 옮겨가는 과정을 관찰하기 위해서입니다. 그래서 뭔가 알아낸 것이 있다면 가능한 한 돌아와서 친구들에게 알려줘야겠다고 생각하고 있습니다." 율리시스는 죽어가면서도 자신의 영혼을 지배하고 있었던 것이다.

비록 율리시스만큼은 안 될지라도 사람은 나이가 들수록 죽음을 생각하고 또 생각해야 한다. 그 결과 자신을 죽음에 길들여야 한다. 비록 죽음의 성채 안에까지 들어갈 수는 없을지라도 적어도 내가 가는 그곳으로 바르게 방향을 잡고 가야 한다. 최소한 늙고 병들어 올라간 병상에서 마지막 길을 잃어서는 안 되기 때문이다.

* 몽테뉴 수상록 선집 『나이 듦과 죽음에 대하여』, 책세상, 2016.

나는 죽음이 두렵지 않다

죽음 공부를 하면서 스스로 '누구나 죽는 거니까, 죽음은 당연한 것으로 받아들여야 해' 하고 다짐을 하고는 있지만, 아직 죽음의 문턱에 가 본 경험도 없고, 평균수명으로 계산하더라도 죽을 때가 20여 년은 족히 남아 있기에… 과연 두려워하지 않고 죽음을 받아들일 수 있을까 하는 의문을 늘 가지고 있다. 그래서 '(간이) 죽음불안 척도'를 가지고 죽음에 대한 나의 태도를 구체적으로 살펴보기도 했다. '죽은 뒤 내가 가진 모든 것을 잃어버린다고 생각하면 두려워진다'는 문항에는 '아니다'라고 응답했지만, '죽을 때 육체적으로 고통을 당할까 봐 겁이 난다'라는 문항에서는 '아니다'라는 대답이 나오지 않았다. 나의 내심에는 아직 죽음불안 · 공포가 있는 것이다.

나는 저자가 죽기 1~2년 전에 집필한 죽음에 대한 책들을 유심히 챙겨보는 편이다. 많은 책들이 '성공적인 죽음, 즉 죽음을 긍정적으로 수용한 이들의 훌륭한 마음'을 잘 보여주고 있었다. 또, 지인의 부모님이 돌아가시면 문상 후 어느 정도 시간이 지난 후에 다시 만나, '돌아가신 분의 임종 직전 상태, 즉 죽음을 담담히 받아들이셨는지, 아니면 죽음 거부의 표현이나 무섭다는 말 혹은 표정을 지으셨는지' 등을 애써 물어본다. 단순히 내가 관찰한 바에 의하면, 40% 정도의 어르신들이 죽는 걸 무서워했고, 여성에 비해 남성의 죽음 수용이 빨랐다. 그래서 나도 훗날 임종기에 다다르면 정신을 차리고 '정말 죽음이 두려운가, 두렵지 않는가'에 대해 글을 써보리라고 생각하고 있다.

최근, 공개적으로 '나는 죽음이 두렵지 않다'고 말하는 분의 책을 읽게 되었다. 나보다 10년 먼저 태어난 이 책의 저자 다치바나 다카시 선생은 이미 『도쿄대생은 바보가 되었는가』(이정환 옮김, 청어람미디어, 2002)라는 책으로 만난 적이 있다. 명색이 대학교수이면서 대학이 학생을 바보로 만들고 있다는 지적에 어찌 관심이 가지 않았겠는가? 그는 일본의 수재들이 모인다는 도쿄대뿐만 아니라 요즈음의 대학 자체를 극렬히 비판하고 있었다. 옳은 말들이었다. 현대사회에서 실제로 많은 대학이 '민주적 시민'도 '합리적 교양인'도 양성해내지 못하고 있으며, 대학 본연의 존재가치를 지키지 못하고 직업준비학교로 전락한 지 오래다. 책을 통해 알게 된 그의 올곧은 성품이 죽음에 대해서는 뭐라고 할지 궁금해 『죽음은 두렵지 않다』를 즉시 사서 읽었다.*

이미 질병이나 사고 등으로 죽음의 문턱에 가본 사람

은 그런 경험이 없는 사람에 비해 죽음에 대해 수용적이라는 것이 많은 연구에서 밝혀져 있다. 다카시 선생도 이미 두 번의 암수술과 임사체험의 경험자였다. 흔히 그렇듯, 그는 중학교 때 가까이 지내던 이웃 할머니의 임종을 지켜보면서 인간, 삶, 죽음에 대해 생각하게 되었고, 그런 생각과 의문들로 철학을 전공하였으며, 스스로를 '과학에 근거한 이성적 판단을 중시하는 철학도'라고 하였다. 그러나 인생에서 죽음 관련 사건—청년기의 자살기도, 40대 인도여행 중 약도 없이 며칠간 고열을 견디며 죽을 뻔한 경험, 67세에 받은 방광암 진단, 이후 암 재발, 치료과정에서 경험한 임사체험(臨死體驗) 등—을 경험하면서 과학적으로 죽음을 연구하는 사람도 필요하겠지만 고유의 문화, 혹은 종교가 설파하는 그런 죽음도 존중한다고 고백하였다. 자신은 정말 사후세계와 전생을 믿지만 그런 세계가 어디 있느냐고 부인하는 사람도 존중한다고 하였다.

다카시 선생은 삶에 대한 집착을 조금씩 걷어내려고 노력하고 있다며, 죽을 때가 가까워져 오는 걸 알게 되면 발버둥치지 않고 조용히 가고 싶다고 하였다. 그리고 유골은 자연으로 돌아가 그냥 까치밥이 되도록 놓아달라고 적어두었다. 더 나아가 그는 '콤포스트(compost)장'을 원한다고 하였다. 이는 시신을 다른 재료와 섞어 발효시킨 뒤 퇴비로 만들어 밭에 뿌리는 방식이다. 다른 생물체와 마찬가지로 인간도 서로 먹고 먹히는 자연의 대순환에 참여해야 하고, 자신은 죽어서라도 그러고 싶다는 것이다. '죽음이 두렵지 않다'고 세상 사람들에게 말 걸고 있는 그의 진심이 느껴졌다.

* 다치바나 다카시(전화윤 옮김), 『죽음은 두렵지 않다』, 청어람미디어, 2016.

죽기 전에 화해를…

　　　　　　　노년기에 마음의 빚이나 원한
이 있다면 죽음을 준비하는 차원에서 그 숙제를 풀어볼
것을 권하고 싶다. 사람이 살다 보면 서로 사이가 나빠
질 수도 있다. 얼마나 비틀어졌느냐에 따라 화해하는 방
법도 달라진다. 찾아가 악수 청하며 한번 포옹하거나 한
잔 술로 풀리는 것들도 있다. 그러나 오랜 시간 심리적으
로나 물리적으로 단절을 경험하며 적조한 관계를 지속
했다면 화해에 이르는 과정도 길 수밖에 없다. 헤어진 전
남편이나 부인(내 자녀의 생부이거나 생모가 된다), 형제간에
오랜 시간 서로 대면하지 않았던 경우, 부모와 자녀가 오
래도록 왕래도 없이 지낸 경우, 그리고 내가 버린 가족들
과의 화해는 길고 복잡하다. 화해하고 싶은 마음은 있지
만 오랜 세월 담아온 감정이 걸림돌이 된다. 그런 사람이
라면 '화해의 다리'를 건너서 상대를 이해하고 부질없는
감정을 정리하는 연습을 해보자.

　'화해의 다리' 양 끝에는 내 입장과 상대의 입장이 있
다. 나를 중심으로 볼 때, 화해로 가는 길의 첫걸음은 '나
의 결단'이다. 죽기 전에 그 사람을 만나야겠다는 의지가
맨 먼저 필요하다. 화해로 얻을 이익이 없을 것 같더라도

가까운 사람과의 관계는 풀고 가는 것이 편하다는 생각을 가져야 한다. 화해를 시도하는 것 자체가 상대를 존중하고 자신을 귀하게 여기는 사람이 되는 길이기 때문이다.

화해의 두 번째 걸음은 대화다. 두 사람이 만나면 서로의 위치가 가해자와 피해자가 될 수도 있다. 그럴수록 부드러운 자세로 상대를 존중해야 한다. 그것이 마지막 기회가 될 수도 있기 때문이다. 그런 과정에서 고백과 해명, 변명 등이 뒤따르겠지만, 상대를 배려하는 자세를 잃어서는 안 된다.

물론 대화를 하는 과정에서 또 다른 상처를 받을 수도 있다. 화해하는 과정은 '해독'이다. 그중 가장 좋은 '해독'은 무조건 상대를 용서하고, 나를 용서하는 것이다. 마지막 만남이라는 생각은 관용과 너그러움을 준다. 그런 과정이 힘들다면 당신의 신에게 용서를 구하라. 상대에게 잘못한 일이 있기에 먼저 용서를 빌었다는 오해를 받을 수도 있겠지만, 개의치 말기 바란다. 그건 죽음을 준비하는 당신의 몫이 아니다.

마지막으로 화해하고 싶은 사람이 있다면 감사하는 마음을 가져보는 것도 좋다. 그 사람이 준 상처로 인해 내가 더 원만한 성품을 가지게 되었다고 뒤집어 생각하는 기회도 가져보자. 부정적 정서가 교훈을 심어줄 수도 있었다는 생각으로 감사하는 마음을 가져보자. 곧 죽을 목숨인데 이토록 복잡한 과정을 거치는 것이 무슨 소용이냐고 묻는 사람이 있을지도 모른다. 남은 생을 위해서도 그렇고, 보다 편안한 영면을 위해서도 안 하는 것보다는 하는 것이 유익하다고들 한다.

30년 만의 화해와
새로운 사랑

청소년기에 부모의 이혼으로
작별인사도 못 나누고 아버지와 헤어진 D 여사는 50대
에 접어들면서 생부가 궁금해졌다. 아내와 자식을 버리
고 떠났다는 이유로 한없이 미워한 아버지였다. "왜 새삼
그분 생각이 났을까요"라고 물으니, 아마도 자식 때문인
것 같다고 한다. 최근 아들과 그의 연애문제로 크게 다
툰 적이 있는데, 도대체 아들의 여성관이 마음에 들지 않
는다는 것이다. 그러나 아들로부터 연인을 떼어놓을 수
도 없어서 어쩔 수 없이 아들을 이해하려고 노력하다 보
니 문득, '엄마와 자신을 버리고 떠났다고 생각했던 아버
지에게도 불가피한 사정이 있지 않았을까' 하는 생각이
들었다고 한다.

왕래는 없었지만 아버지 형제분들의 거처를 알기에 D
여사는 아버지를 찾을 수 있었다. 아버지 없이 힘들게 살
았던 일, 엄마가 돌아가시기 전에 아버지를 만나고 싶어
했던 일 등으로 사실 그녀의 마음에는 아버지가 멀리 있
었다. 그러나 아들과 다툰 이후 그녀의 마음속에서는 아
버지에 대한 분노가 슬슬 풀어지고 있었던 것이다.

수소문 끝에 아버지 연락처를 알아낸 D 여사의 가슴

엔 두려움이 앞섰다. 만나본들 속만 더 상하는 것은 아닐까? 아버지도 이미 팔순도 넘었을 텐데…. 며칠을 망설인 끝에 그녀는 결단을 내렸다. 그래도 혈육인데 일단 뵙고 보자. 이 나이에 더 나빠질 것이 뭐가 더 있겠는가? 그래도 자식인데 돌아가시기 전에 한 번은 뵙고 마음을 털어버려야 하지 않을까?

그렇게 마음을 먹고 찾아간 아버지는 놀랍게도 외진 아파트에서 혼자 살고 계셨다. 건강은 크게 나빠 보이지 않았지만 외로워 보이는 아버지를 보는 순간 D 여사의 눈에서는 하염없이 눈물이 쏟아졌다. 그 눈물 속에 30년 묵은 응어리가 모두 녹아내리는 것 같았다.

이후 D 여사는 한 달에 한 번 반찬을 마련해서 아버지를 찾아뵙고 산책도 함께하면서 살아온 이야기를 나누곤 한다. 처자식을 두고 집을 나갈 당시의 아버지 심경을 마치 남 이야기처럼 덤덤히 듣고 있는 자신에 대해 스스로 놀라면서….

아버지를 뵙겠다는 그 결단에서 이미 아버지에 대한 그녀의 원망은 녹기 시작한 것이다. 아버지로부터 "용서해달라"는 말을 듣지도 않았지만, 그녀는 아버지와 화해하는 차원을 넘어서서 '새로운 사랑'을 느끼는 것 같다고 했다. 힘든 사춘기 시절을 거치면서 어렵게 자랐지만, 딸을 기다리는 아버지의 마음도 그녀에게 다가왔으며, 자신도 아버지를 돌보아드린다는 생각에 스스로 대견해지고, 그 대견함이 그녀의 마음을 풍족하게 해주었다. 아버지가 조금 더 편안하게 돌아가실 수 있게 되었다는 사실을 돌아가신 어머니가 아신다면 잘했다고 말해주실 것 같다는 생각이 든단다.

화해와 용서를 통해 자아가 성숙해진 좋은 사례다. 며칠 전 다시 만난 D 여사는 이미 다 지나간 서로의 삶에 대해 시시비비를 가리고 싶지는 않다고 했다. 이젠 남은 시간 동안 80세 아버지와 50세 딸이 서로 의지하면서 외롭지 않게 살고 싶을 뿐이라고 덧붙였다. "남은 인생, 사랑하고 또 사랑하라"는 어느 분의 말씀이 참 맞는 듯하다.

엔딩 노트 ①
나에게 쓰는 편지

'엔딩 노트',* '웰 다잉', '하늘나라 소풍', '천국교실' 등은 죽음 준비 교육 프로그램들이다. 그 내용은 살아온 길을 되돌아보게 하는 데 있다 해도 과언이 아니다. 그래야만 남은 시간이 보이고 그 마지막에 있는 '죽음'이 만져지기 때문이다. 여기서 빠지지 않는 것이 '자서전 만들기' 과정이다.

자서전은 일종의 '자기에게 쓰는 편지'다. 먼저 과거를 회상케 하는 사진을 집에서 찾아보도록 한다(사진을 수업에 가져오게도 한다). 인생을 단순하게 보면 생로병사의 4단계에 불과하다. 하지만 자서전을 쓰면서 살아온 지난 세월에 단락(미취학기, 초등학교와 중·고등학교 시기, 성인기 취업과 결혼 전후, 그리고 중년기, 노년기)을 지어보게 한다. 이럴 때 사진은 기억의 단서를 찾아내고, 과거를 연속적으로 이어주는 좋은 소재가 된다.

각 시절마다 어디서 누구와 살았으며, 그때의 추억 한두 가지를 이야기해보라고 하면 교실이 떠들썩해진다. 할 말이 많은 사람도 있지만 "난 그때를 생각하고 싶지 않다"고 말하는 사람도 있다. 그다음엔 자신의 삶을 시절별로 적어보라고 권한다. 그 이유는 자기 진술을 확실히 해두자는 것도 있지만, 자신의 삶을 객관화시키는 태도를 갖게 한다는 취지가 강하다. 요즘은 글을 모르는 노인이 거의 없으므로 '노인 교육'에서 가능한 수업이다.

인생 단계별 글쓰기가 완료되면, 마지막으로 '자신에게 쓰는 편지(남은 인생이 한 달밖에 없다고 가정하고 쓴다)'를 적는다. 발달 단계별 회상을 거치지 않고 갑자기 '자신에게 쓰는 편지'라는 숙제를 받으면 기억해내기도 힘들지만 인생이 어느 정도의 인과성(因果性)을 가지고 전개된다는 것을 이해하지 못할 수도 있다. 과거의 내가 지금의 나를 만든 것이라는 평범한 진리를 이해하면, 결국 미래의 삶이 현재와 연결된다는 것을 알 수 있다. 어떤 부분은 해석이 어려워 '운명(運命)'으로 귀속되기도 한다.

이 편지는 대체로 자신의 살아온 세월을 회상하면서 남은 삶을 준비하는 내용이다. 이 글 안에는 대체로 감사, 반성, 용서, 화해, 헌신 등의 가치가 들어 있다. 그래서 수업 참가자는 더 기쁘고 감사하는 마음으로 남은 삶을 살아야겠다고 스스로 다짐하게 된다.

넉넉한 시간에 공책을 하나 들고 어린 시절의 나부터 생각해보길 권한다. 집, 부모님, 형제자매, 친인척, 동네, 학교 등으로 생각의 폭을 넓혀가다 보면 어느 시점에서 감동이 느껴진다. 나의 삶이 재해석되고 재수용되기도 한다. 이런 재구조화 과정 다음에 비로소 남은 삶에 대한 책임감과 함께 잘살다 가고 싶다는 희망이 떠오른다. 새해 벽두에 새 공책을 하나 챙겨, 일 년 동안, 조용히 나의 인생을 적어보자. 졸저 『모녀 5세대』[**] 일독을 권하고 싶어진다.

---

[*] 한국다잉매터스, 『엔딩 노트』, 2017.
[**] 이기숙, 『모녀 5세대』, 산지니, 2015. 저자가 외할머니-어머니-본인-딸-손녀의 일상을 회상하며 쓴 책으로, 한국여성들의 100여 년 삶이 잘 드러나 있다.

엔딩 노트 ②
가족에게 쓰는 편지

앞글에서 '엔딩 노트-나에게 쓰는 편지'를 적었다. 내 삶을 정리하다 보면 어김없이 나에게 영향을 준 몇 분을 찾을 수 있다. 대체로 부모님과 선생님이 많으며, 그 외 형제자매, 삼촌과 같은 가까운 친척, 군대나 일터의 선배 등이 등장한다. 그러나 드물게 배우자를 지목하는 사람이 있다. 배우자는 어느 누구보다도 자신의 삶에 가장 영향을 많이 준 사람일진대, 긍정적인 영향보다는 부정적인 영향을 받았다고 여기는 탓에 선뜻 떠오르지 않는 듯하다. 나의 삶을 정리하는 엔딩 노트엔 '배우자에게 쓰는 편지'가 있다. 이 글을 통해 우리는 용서를 비는 마음을 가지게 되고, 용서받아야 할 어떤 행동을 해야 한다는 용기를 가지게 된다.

시한부 환자는 세상을 떠나기 6개월 전부터 가까운 가족에게 애착, 애증, 분리 등의 행동을 보인다. 나는 여기에 관심을 가지고 있어 마지막까지 환자를 돌본 가족의 이야기를 듣곤 한다. 그중 가장 감동적인 것은 마지막까지 배우자의 손을 놓지 않고 돌아가신 분들의 이야기이다. 그다음은 딸이 엄마를, 아들이 아버지를 마지막까지 돌보면서 서로 사랑을 확인하고 보내드린 경험들이다. 배우자는 길고 긴 인생길을 함께 가는 길동무이다. 이 동무를 중간에 잃어버린 분도 있고 애초에 이런 길동무가 없는 분도 있을 것이다. 이런 분들은 오래오래 가장 많은 이야기를 나눈 가족을 택해보라고 권유하고 싶다.

신혼 시절 높았던 결혼생활 만족도는 세월이 가면서 떨어지는 경향을 보인다. 그리곤 중년기인 45세를 전후하여 부부 사이에는 자녀가 차츰 사라지면서(손길이 덜 가기도 하고, 실제 학업, 결혼 등으로 부모 곁을 떠남) 둘만 바라보는 일상이 만들어진다. 이때 비교적 좋은 회복기를 보이는 부부는 20% 정도에 불과하다. 많은 부부가 서로에 대한 무관심으로 지루한 결혼생활을 이어나가고, 결혼생활 만족도는 점점 하강 곡선을 그리게 된다. 그런 일상에 외도, 중독, 폭력이 덧붙여지면 부부는 천생배필이 아니라 원수가 되고 만다. 실제로 배우자에게 용서를 구하고 싶은 일이 무어냐고 물으면 남성들은 외도를, 여성들은 잔소리를 꼽는다. 그러나 가족구조상 부부는 늘그막에 꼭 함께 가야 하고, 그것도 거의 30년 이상을 더 동거해야 한다. 따라서 나는 미리 이런 과제를 통해 남은 생을 배우자와 더 행복하게 보내기를 권하고 싶고, 행복한 죽음을 맞이하라고 말하고 싶다.

삶의 끝자락인 죽음을 바라보면서, 내가 어떤 모습으

로 누구의 손길 아래에서 숨을 거둘 것인가를 생각하면서 '가족에게 쓰는 편지'에 담을 이야기를 성찰해보기를 바란다. 배우자에게 쓰는 편지는 먼저 처음 만났을 때의 인상(印象)에서부터 시작한다. 그다음 결혼생활과 자녀들이 성장하는 시기를 단계별로 회상한다. 그러는 과정에 배우자에게 자랑하고 싶을 정도로 잘한 일을 적고, 배우자의 마음을 아프게 한 일을 적어본다. 이 시간에 실제로 많은 학습자들이 눈물을 흘린다(때론 '절대 용서할 수 없어요'라고 외치는 사람도 있지만, 그건 시간이 더 필요할 뿐이다). 그 눈물을 통해 남은 그들의 일상은 행복해질 수 있는 것이다.

내 차례가 되었네

생명이 위태롭다는 전문가의 진단을 들을 때 가장 먼저 생각나는 것은 무엇일까. 혹은 병상에서 특별한 예감이 발동할 때 찾아오는 생각은 또 무엇일까. 나는 어떻게 내 죽음을 맞이해야 할까 하는 고민일 것이다.

죽음에 대처하는 태도는 병의 구체적인 특성과 그 사람의 성품에 따라 다를 것이다. 환자를 둘러싼 가족 환경이나 환자가 이용하는 의료 혜택에 따라 상당히 다를 수도 있다. 질병으로 죽음을 눈앞에 둔 어떤 사람의 진술을 한번 인용해보자.

나는 만족하는 인생을 살았습니다. 비록 병으로 모든 것이 망가져 버렸지만 내가 무대 뒤로 사라진다거나 나의 인생 자체가 세탁소 광주리에 구겨 넣어지는 느낌은 전혀 아닙니다. 내가 죽을 차례가 되었을 뿐입니다. 평생을 살면서 무언가 잃어버리기도 하고 속아도 보았습니다. 하지만 그만한 상처 없이 살아가는 사람이 누가 있겠습니까. 죽는다는 생각에 우울해질 수밖에 없지만, 석양을 바라보면서 책을 읽거나 주변 사람들과 이야기를 나누는 즐거움이 더 많은 것도 사실입니다. 내가 얼마나 살지 모른다는 이야기를 듣고 더욱 열심히 살았습니다. 죽음과 마주 서는 순간 나에게 주어진 시간이 더욱 소중하다는 생각이 들었기 때문에 이어달리기의 마지막 주자처럼 최선을 다했지요. 그 결과 마지막 순간에는 이젠 죽어도 된다는 생각이 들었습니다.*

어느 심리학자가 쓴 저서에 나오는 대목이다. 책 속에 등장하는 사람은 '이제 내가 죽을 차례'가 되었다고 말한다. 그는 죽음을 눈앞에 두고 낙담하기보다는 자신의 그런 처지를 잘 받아들이고 있다. 과연 내가 마지막을 맞이했을 때, 그처럼 "내 순서가 왔구나"라고 받아들이는 여유를 보여줄 수 있을까. 그렇게 담담한 자세로 죽음을 받아들이기 위해서는 마음의 준비가 필요하다.

내가 얼마 살지 모른다는 이야기를 듣고, 저는 더 열심히 살았습니다. 죽음과 딱 마주 서니 지금 나에게 주어진 이 시간이 소중하고 아까워지더라고요. 하던 일을 더 열심히 했고 사랑하는 사람들과 더 좋은 시간을 가졌습니다. 시간을 허비할 수가 없었죠. 살면서 쓸데없는 일에 시간과 에너지를 썼던 것이 후회되었습니다.

빈둥거리면서 변명 따위나 궁리하던 옛날의 내가 아니었습니다. 이어달리기의 마지막 주자처럼 저는 최선을 다했습니다. 나중엔 '이젠 죽어도 됩니다'라는 생각이 들었습니다.[**]

미국의 심리상담학자인 코어 박사는 사람이 죽음에 맞닿았을 때는 네 가지 측면을 생각한다고 했다. 첫 번째가 육체적 고통을 최소화하려는 신체적 대응이고, 두 번째가 마음의 안정을 찾으려는 심리적 대응, 그다음이 소중한 사람과의 관계를 개선하려는 사회적 대응이다. 마지막이 죽음을 통해 또 다른 희망을 보는 정신적 대응이라고 했다.[***] 임종을 준비하는 환자의 마음을 이해하면서 심리적·정신적 대응을 고양해야 하는 이유다.

[*] Lynne Ann DeSpelder & Albert Lee Strickland, *The Last Dance: Encountering Death and Dying*, 2005. 이기숙·임병윤 옮김, 『죽음: 인생의 마지막 춤』, 창지사, 2010, p.187.
[**] 같은 책, p.188.
[***] Charles A. Corr, A Task-based Approach to Coping with Dying, Omega: *Journal of Death and Dying 24*, no.2(1991~1992), pp.81~94.

'오늘은 죽기 좋은 날'

                이 표현은 낸시 우드의 시 「오늘은 죽기 좋은 날」에 나오는 표현이다. 낸시 우드는 미국의 서정 시인이다. 그녀는 뉴멕시코주 푸에블로에 있는 인디언 부락에 머물며 이들의 삶을 가까이서 지켜보면서 자연과 하나 된 그들의 삶에 매료되었다. 그리하여 그녀도 아름답고 자연친화적인 시를 많이 썼다. 그녀는 죽음도 자연으로 돌아가는 과정으로 보았다. 그녀의 대표 저서 『바람은 내게 춤추라 하네(Many Winters)』 속에 이 시가 들어 있다.*

> 오늘은 죽기 좋은 날
> 모든 생명체가 나와 조화를 이루고
> 모든 소리가 내 안에서 합창을 하고
> 모든 아름다움이 내 눈 속에 녹아들고
> 모든 사악함이 내게서 멀어졌으니.
> 오늘은 죽기 좋은 날.
>
> 나를 둘러싼 저 평화로운 땅
> 마침내 순환을 마친 저 들판

웃음이 가득한 나의 집

그리고 내 곁에 둘러앉은 자식들.

그래, 오늘이 아니면 언제 떠나가겠나.

이 시는 퓰리처상 음악 부분 시상식, 고인의 넋을 위로하는 추도식, 새로운 시작을 축복하는 결혼식 등 의미를 부여해야 하는 어느 곳에서든 축복과 추도의 말로 많이 읊어진다. 자연과 인생의 섭리에 대한 묘사가 많은 이들의 가슴에 큰 울림을 준다.

시를 이어서 읽어본다. "오늘은 죽기 좋은 날. 모든 생명체가 나와 조화를 이루고 모든 소리가 내 안에서 합창을 하고 모든 아름다움이 내 눈 속에 녹아들고 모든 사악함이 내게서 멀어졌으니. 오늘은 죽기 좋은 날. 나를 둘러싼 저 평화로운 땅 마침내 순환을 마친 저 들판 웃음이 가득한 나의 집 그리고 내 곁에 둘러앉은 자식들. 그래, 오늘이 아니면 언제 떠나가겠나." 이 한 덩어리의 시어 속에는 달관한 생사관과 언어적 묘미가 가득 담겨 있다.

오늘도 우리는 화가 나거나 슬프다. 그래서 주저앉고 싶어지고 실망으로 내가 미워진다. 이럴 때마다 이 시는 그런 사소한 것으로 마음 아파하지 말라고 가르친다. 죽음조차도 인생과 자연의 순환이라는 큰 고리에서 보면 아무것도 아니지 않느냐고 하면서, 그 작은 일들에 마음 아파하지 말라고 이른다. 죽음을 노래하는 시들은 지금의 나를 살게 하는 힘을 준다.

* 낸시 우드(이종인 옮김), 『바람은 내게 춤추라 하네(Many Winters)』, RHK, 2016.

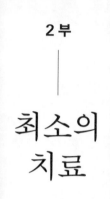

2부
—

최소의
치료

65세 이후의 삶

　　　　　　　간혹 찾아뵙는 선배에게서 전
화가 왔다. "이 교수, 지금부터 내가 어떤 과정을 거쳐 좋
은 죽음에 이를 수 있는지 간단히 설명해줄 수 있겠는
가? 요양원은 뭐고, 요양병원은 뭔가?" 자주 듣는 질문
이다. 지금까지는 그럭저럭 살아왔는데, 갈 길이 아직
20~30년은 더 남아 있는 듯하나 괜히 불안하기도 하고,
도대체 앞으로 어떤 일이 더 벌어질 것인가 두렵기도 하
다는 것이었다.

　노년기(65세 이상)가 길어지고 있다. 30여 년을 '노인'
상태로 살아야 한다. 그런데 1900년대 노인과 2000년대
노인은 확연히 다르다. 따라서 부모처럼 살아갈 수 없기
때문에 나름의 계획이 필요하다.

　도시에서 생활하는 60~70대 노인 대부분은 아파트에
서 살고 있다. 평균 수명이 90세에 이를 것이고, 일단 자
가(自家) 소유자라는 전제에서 몇 가지 조언을 하자면,
첫째, 지금부터라도 학교(평생교육원, 노인복지관, 문화센터,
주민자치센터 등)에 등록하여 본인이 하고 싶은 공부를 할
것을 권하고 싶다. 운동과 노래, 외국어, 피아노 등 어떤
것이라도 배우겠다는 자세가 필요하다. 자격증에 도전

하는 것도 좋다. 배우는 그 자체에서 활력을 되찾고 살아가는 행복을 느낄 수도 있다. 그런 생활 속에서 사회 관계도 넓어지고, 생각이 깊어지는 자신을 발견하기도 한다. 치매가 예방되는 것은 물론이다. 일상이 즐겁고 친구도 생긴다. 이렇게 생활하다 보면 인생이란 이런 것이구나, 라는 생각이 들면서 차츰 나의 삶은 정리되고 통합된다.

둘째, 언젠가 누구의 도움(시중, 수발, 돌봄) 없이는 살 수 없는 시기가 반드시 온다. 이때를 대비해 미리 살림을 줄일 것을 권한다. '실버타운'(노인복지주택으로 신고 되어 있는 '노인들만을 위한 주거지')으로 옮기는 것도 필요하다. 노인에게 편리한 시설이 모두 갖춰진 곳이기 때문이다. 정원과 공동식당이 있고, 간호사가 상주하며, 다양한 프로그램이 건물 안에서 이루어져 여러모로 편리하다. 실버타운은 거의 아파트처럼 개인공간을 제공하고, 소위 '양로원'이라 불리는 공동주거 형식은 한 방에 여러 사람이 기거한다. 경제적이고 권할 만한 곳이지만 아직은 시설이 많이 부족하다. 부부가 함께 이 시기에 들어서면, 오순도순 서로 챙겨주면서 다시 신혼으로 돌아간 기분으로 살아갈 수도 있다. 자녀가 가까이 있으면 다행이고, 누군가의 도움(가사도우미, 간병도우미, 방문 간호사 등)이 필요하면 인근 복지관과 주민자치센터에 문의하는 것이 좋다. 주어진 여건에서 어떤 복지 혜택을 받을 수 있을 것인가를 상담하는 것은 필수다.

셋째, 대소변도 못 가리고 거의 누워서 지내는 상태라면 요양병원으로 가야 한다. 간혹 '요양병원'을 죽으러 가는 장소로 알고 거부하는 노인도 많다. 실제로 자녀가 돌볼 상황이 못 되어 갈등이 생기는 경우도 허다하다. 좁은 아파트에 살면서 기혼여성의 대부분이 일을 하는 가정문화에서 '노인 돌봄'이 어렵다는 것을 지금의 60~70대는 알고 있을 것이다. 따라서 요양병원은 필수코스가 될 수밖에 없다. 중요한 것은 그곳에 오래 머물러서는 안 된다는 것이다. 나아서 집으로 돌아가기는 어려울 것이므로 '내가 어찌 죽을 것인가'를 고민해보아야 한다.

"이 교수, 어찌 죽어야 하지?"

"선배님, 지금부터라도 그 해답을 찾아야 하니, 자꾸자꾸 내 죽음을 생각하세요."

"생각하면 답이 나오나?"

"아마 나올 겁니다. 준비하는 자는 두려움이 없습니다. 선배님 파이팅!"

죽어가는 과정

'자는 잠에 가고 싶다'거나 '99881234'는 사실 모든 어르신들이 소망하는 것이다. 질질 끄는 죽음에 대한 심리적 저항이라고나 할까. 그러나 실제 죽어가는 과정을 연구한 학자들에 의하면 많은 사람은 '단기적이고 갑작스럽게'보다는 '질질 끄는 유형'의 죽음궤도(trajectory of dying, 임종과정과 유사한 개념)를 가진다고 한다.

죽음(death)과 죽어감(dying)은 다르다. 죽음은 살아 있는 영역이 아니지만 죽어감은 죽어가는 과정으로, 즉 살아가는 과정이다. 그래서 죽어감이란 살아 있음에서 숨이 끊어질 때까지로, 이 시기를 '죽음궤도'라고 표현한다. 어떤 사람의 죽음궤도는 느리게 형성되고 어떤 사람은 매우 급작스럽게 발생하는데 이를 결정하는 것은 질병의 종류, 환자의 성격, 죽음에 대한 태도(철학)라고 알려져 있다.[*]

돌봄과 부양의 문제는 주로 만성적이면서 장기간에 걸친 유형에 해당한다. 이런 경우 본인과 가족은 가장 '적절한 죽음'이 어떤 죽음이어야 하는가에 대한 성찰이 필요하다. 대부분의 사람들은 가능한 한 본인의 죽음을 의미 있게 하려고 자신의 죽음에 대해 통제를 유지하려 애쓰면서, 인생을 정돈하려고 노력한다. 대단히 힘든 일이지만 만성질환 앞에서 삶의 목적을 새롭게 정립하는 일이 필요하다.

배가 항구에서 등대를 보고 안착하듯 나의 죽음도 바라보고 갈 등대가 필요하며, 이 가상의 등대 설정이 바로 죽음을 목전에 둔 사람들이 생각하는 미래의 일인 것이다. 이런 과정에 충실하면 '적절한 죽음'이 선택된다.

더는 살 수 없을 것 같다는 진단을 받고, 특히 급성으로 단기간에 죽어가는 사람은 공포와 불안감을 표현하며 자기 죽음을 수용하기가 매우 어렵다. 우리가 도저히 받아들이기 힘든 어떤 사건에 직면하면 누구나 부인하거나 분노한다. 이런 방어적 심리 상태는 죽음을 앞둔 상황에서도 예외는 아니다. 그러나 (반드시 순차적으로 나타나는 것은 아니지만) 점점 현실을 직시하면서 타협과 우울의 상태에 머물다 드디어 수용하지 않으면 안 되는, 때로는 흔쾌히 수용하는 단계에 이른다.

이 과정에 대해 우리는 '나쁜 죽음', '좋은 죽음'이라는 표현을 사용하면서 한 사람의 죽어가는 과정에 대해 분석하기도 한다. 좋은 죽음은 살아온 모습이 잘 마무리되는 죽음을 말한다. 사랑하는 누군가(자녀 등)가 임종을 지켜주는 죽음, 부모노릇 다하고 죽는 죽음, 고통 없는

죽음, 준비된 죽음 등이 좋은 죽음을 설명하는 핵심 단어
이다.

우리는 죽음을 예측할 수 있지만, 언제 어떤 모습으로
나의 죽어가는 과정(죽음궤도)이 드러날지는 아무도 모
른다. 위에서 언급하였듯이 질병, 성격, 죽음태도(신념,
철학)가 나의 죽어가는 과정을 결정짓는다고 볼 때, 질
병은 건강관리로 최대한 조절하고, 신념과 철학은 보다
의미 있는 삶을 살려고 노력하는 데에서 형성된다. 지금
내가 어떻게 살고 있는가가 나의 죽음의 질을 결정한다
고 생각하면, '지금, 여기'가 매우 소중하다고 느껴질 것
이다.

---

* D. McCullough, *My Mother, Your Mother*. 윤종률 · 유은실 옮김, 『나의
어머니, 당신의 어머니』, 허원북스, 2014, p.23.

생애 마지막 8년

최근 서울대학교 노년은퇴설계지원센터에서 20대 이상 경제활동인구 1552명을 대상으로 연구한 '행복수명지표' 보고서에 의하면, 조사대상자들의 기대수명은 83.1세였고 행복수명은 74.9세였다. 즉 지금 많은 한국인들은 85세까지는 능히 살 수 있다고들 여긴다. 그러나 '은퇴 후 행복하게 살아갈 수 있다고 판단한 기간(행복수명)'이라는 질문엔 평균 74.9세라는 답이 나왔다. 보고서는 83.1세와 74.9세 사이에는 8년의 간격이 있고, 이 시기를 '행복한 삶을 지속하기 어려운 시기'라고 해석했다. 생애 마지막 8년을 어떻게 보낼 것인가를 다시 생각해보아야 할 것 같다.

나는 비록 조어(造語)이긴 하지만 희수(喜壽, 77세), 미수(米壽, 88세)란 단어를 좋아한다. 개인적으로 금혼식(결혼 50주년)과 희수가 인접해 있어, 나의 희수연은 어떨까 생각해보기도 한다. 우리 부부의 은혼식(결혼 25주년) 때 양가 가족이 모여 밥 먹고 노래한 기억이 난다. 그런데 77세도 지난, 88세의 나는 어디서 어떻게 살고 있을까 생각하면 상상이 안 된다. 비탈길도 싫을 터이고, 다니는 병원이나 목욕탕 바로 옆에 집이 있으면 좋을 텐데… 라는 철없는 생각만 나는 수준이다. 물론 90세에도 건강한 분이 계시지만 평균적으로 80세 전후에는 아프고, 쓸쓸하고, 빛바랜 사진이나 들여다보고 있을 나이다. 게다가 먹고 움직이는 일상생활 동작조차 불편할, 파삭 늙어버린 노인이 막연히 떠오를 뿐이다. 아직은 와상상태로 병원에 계시는 어르신들에 나의 모습이 오버랩되지는 않는다.

그러나 70에 들어서면 이내 80이 된다고들 한다. 마(魔)의 8년이 기다리고 있다. 정순형 기자의 '타이베이 하오란 경로원 방문기'*에서 보면 이 경로원(요양원과 요양병원의 기능을 합친 센터)에 거주하는 어르신들의 평균연령은 81세이며, 대체로 여기서 7~8년을 거주하다 돌아가신다고 하니, 현상적 사실이 위 보고서와 일치한다.

노년기 건강과 관련된 용어 중 '말기 급강하'란 표현이 있다. 만성질환자들의 신체상황을 장기간 분석하면 힘, 에너지, 삶의 동기가 소진하면서 급격한 심리적 생물학적 감퇴가 나타나는데 이런 현상이 임종(臨終) 5~6년 전에 주로 나타난다는 설명이다. 즉 임종이 5~6년 전에 예견 가능하다는 것이다. 그래서 앞으로 노인복지에서는 이 초고령 단계의 삶과 죽음에 대한 구체적 준비프로그램이 더 개발되어야 할 것이다. 고등교육을 받은 비율이 어느 시기보다 높은 지금의 은퇴자들(1950~60년 출생 세대)을 대상으로 그들의 행복지수를 최대한 길게 끌고 나갈 전략과 행복수명 이후의 삶을 잘 마감하는 교육 등이 필요하다. '83세 이후 나는 어떻게 살고 있을까'라는 생각주머니를 항상 굴려야 할 것 같다.

* 〈부산일보〉, 2016년 10월 10일자

삶과 죽음의 질 지수

'자신의 삶에 얼마나 만족하느냐'는 매우 주관적인 질문이지만 실제로 집단별 삶의 수준을 비교, 평가하고자 할 때에는 부득불 객관적 수치가 필요하고, 이 수치는 정량 평가를 통해 얻을 수밖에 없다(물론 그 이유는 삶의 수준을 개선하고 향상시키는 데 있다). 세계적인 컨설팅 회사 '머서(MERCER)'가 발표한 '2015년 세계 주요도시 삶의 질·생활환경 조사'에 따르면 오사카가 58위, 서울 72위, 부산 98위로 보고되고 있다. 그 외 'EIU(Economist Intelligence Unit)'는 국가를 단위로 '삶의 질 지수'를 조사, 발표하고 있는데 아시아권역 국가에서 싱가포르 11위, 일본 17위, 홍콩 18위, 중국 21위, 한국 30위인 것으로 나타났다. 미국 여론조사기관 '갤럽'이 보고하는 '세계 웰빙 지수'에서 한국은 2013년에는 75위, 2014년 117위였다. 한국은 경제 상황은 양호하나 안전, 건강, 사회관계 등에서 많은 개선이 필요하다고 지적됐다.

잘산다는 것은 무슨 의미일까? 계량화된 그 개념은 쉽게 설명하면 소득, 물가, 범죄율, 개인의 자유, 교육 여건, 공공시설, 여가시설, 주거시설 등에 관계되는 통합적 개념으로, 글자 그대로 살기가 안정되고 마음이 편한 것이다.

죽음의 질도 오래전부터 학자들에 의해 만들어진 척도(예를 들면 QODD 등)로 측정되고 있었지만, 최근 EIU는 '죽음의 질 지수' 즉, '사람이 삶을 편안하게 마감할 수 있는 좋은 환경을 가지고 있느냐'를 숫자로 보고하였다. 그 지수는 '임종환자의 통증을 덜어주고, 가족이 심리적 고통을 극복할 수 있도록 돕는 의료시스템이 얼마나 발달되어 있느냐'를 말하는 것으로, 20개의 정량지표로 되어 있다. 100점 만점에 영국이 93.9점으로 가장 임종 환경이 좋으며, 한국은 73.7점으로 아시아에서 대만, 싱가포르, 일본에 이어 네 번째다.

이런 자료들을 보면서, 각자 자기 삶의 질과 죽음의 질을 성찰해볼 수 있을 터이다. 하지만 국가라는 조직의 말단에 있는 우리로서는 할 수 있는 일이 별로 없다. 내 여건 안에서 내가 노력해 나의 삶의 질과 죽음의 질을 향상할 수 있는 보다 쉬운 방법은 건강관리와 가능한 한 행복한 마음을 지니고 사는 것이고, 가능한 한 죽음 과정에 길게 노출되지 않는 것이다.

이런 개인적 노력도 필요하지만, 솔직히 더 중요한 것은 국가의 노력이다. 지금처럼 비정규직, 청년실업, 저출산, 의료시스템의 불균형과 상업성 등의 이슈가 한국사회를 설명해주고 있는 한, 삶과 죽음의 질은 자꾸 나빠질 것이기 때문이다. 국가의 역할과 나의 일상은 연결되어 있다. 더 살기 좋은, 즉 삶과 죽음의 질이 향상된 나라를 우리 아이들에게 물려줄 방안 중 하나는 우리가 깨어 있는 시민이 되는 것이다.

언제쯤 나는 참 좋은 나라에서 살고 있다는 자부심이 들까? 지금의 삶이 이렇게 엉망인데 뭘 죽음까지 공부하고 준비하느냐고 하겠지만, 과거도, 현재도, 또 닥칠 미래도 다 나의 인생일진대… 점점 다가오고 있는 죽음을 모른 척해서는 안 된다고 본다. 들여다보고, 준비하고, 대책을 세우고, 그래서 나는 좋은 죽음을 선택하여 내 생을 잘 마감하고 싶다.

웰 다잉(well-dying)법

'호스피스 · 완화의료 및 임종
과정에 있는 환자의 연명의료 결정에 관한 법률안(일명
웰 다잉법)'이 국회를 통과하여 2018년 1월부터 시행될
예정이다. 외국에서는 '존엄사법'이라고 불리는 법이다.
1997년 서울 보라매병원에서 (가족의 요청에 의해) 환자의
인공호흡기를 뗀 의사와 가족이 살인죄로 기소되면서
'존엄한 죽음'에 대한 논의가 시작된 지 18년 만에 환자
의 죽음 선택권이 인정된 법이 만들어진 것이다.

이 법이 시행되면 본인의 의사*와 가족의 동의 그리고
의사 두 명의 판단으로 인공호흡기를 뗄 수 있다. '연명
의료(延命醫療, 생명을 연장시킬 수 있는 치료)' 차원에서 진행
되는 심폐소생술, 혈액투석, 항암제 투여 등을 임종과정
(환자가 회생 가능성이 없고, 치료에도 불구하고 회복되지 않으며
사망에 임박한 상태)에 있을 때에는 환자나 가족이 거부할
수 있다.

이 법에 대해 '죽음을 선택할 수 있다'는 의미로 일견
위험하고 비윤리적 상황의 발생을 우려하는 반대의 의
견도 있지만, 세계적으로 이미 '원하지 않는 치료를 거
부할 수 있는 환자의 권리는 인정되어야 한다'는 결정

은 법조계와 학계에서 받아들여지고 있다.

아프면 병원에 가고, 전적으로 의사의 결정을 따르던 것이 관례였는데 이젠 스스로의 죽음에 대해 생각하고 준비해두어야 하는 세상이 온 것이다. 만약 당신이 아주 짧은 시한부 생명이라는 진단과 함께 앞으로 그 어떤 치료도 소용이 없을 것이라는 통보를 받는다면 어떤 선택을 할 것인가? 당신의 신체기능이 오직 생명연장 의료기기들에 의해서만 유지된다는 것을 알면서도 살기 위해서 인간의 존엄성이 보장되지 않는다고 표현되는 혹독한 치료를 받겠는가? 여전히 살기 위해 '할 수 있는 치료는 다 해보자'는 자세로 가족을 어렵게 만들 것인가?

지난 1975년, 21세의 미국 여성 카렌(Karan)이 혼수상태에 빠졌다.** 인공호흡기에 의지해 무려 10년 동안 물리적 생명만 연장하던 카렌을 지켜보던 가족은 너무나 마음이 아파 호흡기 치료를 중지할 것을 요청했다(일명 '카렌 사건'이라고 함). 이에 대해 미국 뉴저지 주의 최고 법원은 '품위 있는 죽음과 존엄한 죽음'을 인정했다. 이 사건 이후로 여러 유사 사건들이 나타나면서 존엄사에 대한 논란이 증폭되자 미국 연방 대법원은 비슷한 사건에 대해 가장 중요한 것은 '본인의 의사'라는 최종 판결을 내렸다. 오직 환자 자신만이 치료를 거부할 권리를 가진다는 취지가 담긴 판결이었다. 이에 따라 미국에서는 환자가 자율적으로 결정권을 행사할 수 있도록 미리 '사전 의료의향서(advance directives)'를 작성하는 절차가 생겨났다.***

현재 우리나라에서는 웰 다잉법과 관련한 시행령이 아직 제정되지 않았지만 대체로 암 환자와 말기 환자(만성 폐쇄성 질환)에 적용되는 경우가 대부분일 것이다. 초고령 사회, 국가 의료재정의 불균형, 돌봄의 한계를 배경으로 이 법이 필요하다는 사실은 인정한다. 하지만 '과연 무엇이 인간다운 삶이냐'라는 근본적 질문과 함께 적용되어야 할 법인 것 같다.

---

* 본인 의사의 중요성: 살아 있을 때 분명히 가족들에게 밝혀두어야 하고, 이를 '사전의료의향서' 혹은 '사전연명의료의향서'라는 양식에 근거해 작성해두면 더 좋음. 의향서 작성을 권장하는 단체는 많으나 법이 정한 단체는 없으며, 개인이 소장하여도 무방함.
** Lynne Ann DeSpelder & Albert Lee Strickland, *The Last Dance: Encountering Death and Dying*, 2005. 이기숙·임병윤 옮김, 『죽음: 인생의 마지막 춤』, 창지사, 2010, p.246.
*** 같은 책, p.265.

사전연명의료의향서*
(事前延命醫療意向書)

친구의 모친은 요양병원에서 6년을 계시다가 가셨다. 마지막 3년은 자식도 몰라보고, 와상(臥床) 상태에서 인공호흡기의 도움으로 숨만 쉬다 가셨다. 친구는 그런 어머니를 바라볼 때마다 가슴이 아팠지만, 저 산소호흡기를, 저 주사바늘을 빼달라는 말을 할 수가 없었다고 했다. 병원 측으로부터 "이젠 준비하셔야 합니다" 하는 말도 여러 번 들었지만, 저 장치들을 제거하는 것은 어머니를 돌아가시게 하는 것인데… 싫었단다. 주사를 맞고 나면 어머니의 숨은 다시 회복이 되곤 했다. 그 어머니의 여동생인 이모님은 그런 언니를 보며 그저 눈물만 흘렸다. 그래저래 어머니 장례를 치르는 동안, 그래도 친구는 자신이 부모에게 최선을 다했다고 생각했었다.

그 뒤 그 이모님이 노환으로 병원에 입원했고, 병원 측은 가족에게 산소호흡기 부착 여부를 물어보았다. 생전에 "나는 언니처럼, 저리 하지는 않을 거다"라는 말씀을 수도 없이 했던지라 자식들은 어머니에게 속삭이듯 물었다. "엄마, 산소호흡기 달까?" 완강히 손을 저은 어머니는 산소호흡기를 사용하지 않은 채 차츰 의식이 희미해지면서 몇 주 후에 숨을 몰아쉬더니 그대로 눈을 감으셨다. 그 이모님의 임종 과정을 전해 들은 내 친구는 비로소 자신이 얼마나 '무의미한 치료'로 엄마를 힘들게 해드렸는지 깨닫게 되었다. 근 삼 년을 저걸 달고 수시로 주사바늘에 찔린 걸 생각하니 오히려 불효를 저질렀다는 생각이 들어 가슴이 미어지는 듯하다고 했다.

당연히 우리는 주어진 나의 생명을 잘 간수하면서 살아야 한다. 그러나 '회복 불가능한 상태', 즉 어떤 의료처치로도 건강회복이 불가능하고, 단기간 내에 죽음을 맞이할 가능성이 큰 지점(물론 의사 2인 이상의 판단이 주요 기준이 됨)에서는 '생명연장 장치(심폐소생술, 인공호흡기, 체외순환, 인위적인 영양공급 튜브 등)'을 부착할 것인가 안 할 것인가를 결정하여야 한다. 이때 가장 유효한 근거가 되는 것이 '본인의 의사'이다. 구두로 본인의 의사를 자식들에게 잘 인식시키고, 대신 전달해 결정짓는 것도 가능하다. 그래서 나이 든 어르신들은 평소 자신의 뜻을 자식들에게 일러두어야 하고, 또 '사전연명의료의향서' 양식에 본인의 뜻을 직접 적어서 남기는 노력이 필요하다. 요즈음은 평생교육원이나 노인복지관 등에서 '죽음준비교육'을 많이 실시한다. 그런 교육에 참여하면 반드시 이 양식을 적는 내용이 포함된다.

'무의미한 연명치료'가 무엇이며, 왜 이런 의료처치를

거절하여야 하는가도 알아야 한다. 물론 이 조치를 거절하더라도, 신체적 정신적 고통을 줄이는 '완화치료'는 가능하다. 자신의 임종을 병원의 일방적 결정에 맡겨두어서도 안 되고 더구나 자식에게 결정하라는 부담을 주어서도 안 된다. 빨리 죽으라는 말이냐, 라는 저항을 느낄수도 있지만, 실제 '죽은 것과 다름없는 상태에서 사는 것'은 의미가 없다고 다들 입을 모은다.

* 사전연명의료의향서는 19세 이상인 사람이 자신의 연명의료 중단 결정 및 호스피스에 관한 의사를 직접 문서로 작성한 사전서약서(advance directives)이다. 우리나라에서는 2018년부터 발효될 '호스피스 완화의료 및 임종과정에 있는 환자의 연명의료 결정에 관한 법률'에 의거해 등록, 변경 등이 이루어질 것이다.

죽음의 종류

죽음에도 '예측 가능한 죽음'
과 '예측 불가능한 죽음'이 있다. '질병으로 인한 죽음'
은 그 시기를 예측 못할 뿐이지만 가족은 죽음을 예측
하고 준비한다. 우리는 연세 드신 부모님의 죽음을 예감
한다. 그러나 사고사(事故死)는 예측 불가하게 나타나기
때문에 가족들에게 깊은 슬픔과 큰 상실감을 주는 죽음
이다.*

오스발트의 『죽음을 어떻게 말할까』**와 최근 영화
〈미 비포 유(me before you)〉는 개인이 '선택하는 죽음',
일명 '존엄사', '조력(助力) 자살'이라고 불리는 죽음을 보
여준다. 오스발트의 책은 '자살'의 또 다른 이름이라고
일컬어지는 '선택하는 죽음'을 묘사한 책이다. 여기서 아
들은 죽음을 선택한 아버지의 모습을 1년 동안 지켜보면
서 그 과정을 세세히 기록하고 있다.

이런 책이나 영화가 최근 많이 나오는 배경에는 수명
이 길어지자 오랜 시간 병상에 누워 '사는 것도 아니고
죽는 것도 아닌 상태'의 사람들이 죽음을 선택하는(물론
이를 선택할 수 있는 나라는 정해져 있다. 책과 영화의 주인공들
은 그 나라로 옮겨가 죽음을 실행하였다.) 경우가 생기는 현실

이 있다.

이처럼 개인이 선택한 죽음을 가리켜 '존엄사'라는 신조어가 생겨났지만 이를 둘러싼 윤리적 논쟁은 끊이지 않고 있으며 '조력 자살'이라는 극단적인 표현까지 나오고 있다. 존엄사를 인정하는 나라 사이에서도 그 기준이 각기 다르다. 최근 우리나라에도 관련법이 공포되어 '사전의료연명의향서'를 작성하는 데 국가가 개입할 전망이다. 사전의료연명의향서가 적용되는 대상(질병, 연령, 병원의 결정 등)은 향후 시행령에서 자세히 규정되겠지만, 치료를 거부할 수 있는 권리, 즉 자기 생명결정권을 인정하는 방향으로 흘러가고 있는 것만은 분명하다. 한마디로 '선택하는 죽음'이 가능해진 것이다.

버틀러의 『죽음을 원할 자유』***는 현대의학에 빼앗긴 '죽을 권리'에 대한 책이다. 죽음을 연구하는 학자들은 여전히 '자연사(自然死)'를 가장 '좋은 죽음'이라고 여기고 있다. 하지만 최근 눈부신 발전을 거듭하고 있는 현대 의학은 모든 환자에게 '나을 수 있다'는 희망을 주면서 생명을 연장하고, 마지막 단계에서는 '관리되는 죽음'으로 이끈다.

'신체적 죽음'이라는 것이 우리가 늘 말하는 그 죽음이다. 우리는 이 죽음에 안타까워하지만 실제 더 중요한 것은 '영적인 죽음'이다. 내가 이 세상에 왜 왔으며, 나는 무엇을 하다 저 세상으로 옮겨 가는가에 대한 답은 내 인생을 정의한다. 그 과정에서 새로운 삶을 찾아가는 것이 인생이다. 이때 종교가 극락과 천국으로 우리를 유혹하며, 사람들은 그 편안함에 자신을 온전히 맡긴다. 그런 과정을 거쳐서 우리는 영적으로 보면, 죽는 것이 아니라 다른 세상으로 옮겨 갈 뿐이다.

병원 시스템에 따라 죽는 사람이 태반이다 보니, '자연사'에 대한 자료가 모이지 않고, 주삿바늘에 따라 깨고 또 사그라지고 하는 것이 반복되는 그런 죽음만 자꾸 보인다.

* 소날리 데라냐갈라(김소연 역), 『천개의 파도』, 나무의 철학, 2013 ; 416세월호참사 작가기록단, 『금요일엔 돌아오렴』, 창비, 2017.
** 윌리 오스발트(김희상 옮김), 『죽음을 어떻게 말할까』, 열린책들, 2014.
*** 케이티 버틀러(전미영 옮김), 『죽음을 원할 자유』, 명랑한지성, 2014.

늙어가는 나에게
필요한 사람들

100세 장수시대가 왔다고들
한다. 머지않아 전 인류의 25%가 노인인 나라가 수두룩
할 것이다. 그러나 '장수(長壽), 축복인가 재앙인가?'란
말이 있듯 오래 사는 것이 반드시 행복한 사실만은 아님
을 지금 우리는 조금씩 느끼고 있다. 나을 수 없다는 사
실을 알고 죽을 날만 기다리는 노인들에게 정말 필요한
것은 무엇일까?

미국의 가정의학의이자 노인의학전문가인 맥걸러프
(D. McCullough)는 삶의 종착역을 향해 가는 노인에게
가장 필요한 사람은 '가족과 동네 전문가들'이라고 단언
하고 있다.* 여기서 말하는 가족이란 비단 혈연가족만을
뜻하지는 않는다. 가족만큼 사랑과 책임감을 나누는 인
간관계가 필요하다는 말이다. 그는 노쇠한 자신의 어머
니를 돌본 경험을 다른 노인들에게도 알려주고 싶어 이
책을 적었다고 했다.

맥걸러프는 노년기를 '질병과 함께 지내다 죽음에 이
르는 과정'이라고 했다. 그는 이 과정을 8단계로 나누어
설명하면서, 매 단계 노인에게는 누군가의 도움이 필요
하다고 설명하고 있다. 그는 배우자와 자녀, 형제자매,

노인복지사, 재활센터 기사, 방문간호사, 간병인, 호스피스 간호사, 의사 등을 등장시키면서 그들과 서로 협의해야 할 것들을 자세히 설명한다. 고령 노인들에게는 특별한 수술의 경우를 제외하고는 지역 작은 병원의 연속적 진료가 간헐적인 종합병원 방문보다 더 적합하다고 가정의학의인 저자는 조언하고 있다.

60대를 젊은 노인, 70대를 고령 노인, 80대 이상을 초고령 노인으로 나누어 볼 때, 60대에서 필요한 것은 꾸준한 운동과 건강한 식생활, 그리고 나누는 삶(폭넓은 인간관계와 사회생활)이다. 우리는 많은 정보를 대중매체를 통해 얻고 있지만, 사실 더욱 친근해야 될 시스템은 가족과의 대화나 지역 운동관리센터와 문화센터 등이다. 75세를 전후해서는 주치의 같은 지역 의사들이 많은 도움이 된다. 운동, 재활 등을 위해 꾸준히 다양한 전문가들과의 만남도 필요하다.

80세에 이르면 누가 나를 데리고 다니지 않으면 아무 데도 못 가게 되어 차량 운행을 하는 재가복지센터의 등록 학생이 되기도 한다. 또 방문간호사와 간병인의 도움이 수시로 필요해진다. 이 시점에서는 내가 거처를 어디로 정할 것인가를 가족과 의논해야 한다. 누가 자주 방문해서 나를 도와줄 수 있을 것인가에 대한 의논도 미리미리 해야 한다.

* D. McCullough. *My Mother, Your Mother*. 윤종률 · 유은실 옮김, 『나의 어머니, 당신의 어머니』, 허원북스, 2014.

돌보는 분들을 하인 대하듯
하지 마세요

우리 사회에 '요양보호사', '간병인'과 같은 직업이 등장한 지도 어연 10년이 되어간다. 요양보호사 대상의 연구를 보면 그들이 가장 힘들어하는 부분은 환자와 그 가족들의 나쁜 태도이다. 그들도 엄연한 직업인인데, 어르신들이나 그 가족이 인격을 무시하면서 아무렇게나('마치 자기 집 식모 부리듯이'라고 표현했다.) 대하는 것이 마음 아프다고 한다. 또 노인이나 그 가족의 입장에서는 '그들(간병인)이 마치 물건 다루듯 또는 관리하듯 환자를 대하는 것이 불만스럽다'고 한다. 요양, 부양, 돌봄의 질에 대한 부양자나 피부양자 쌍방의 인식 변화가 필요하다.

노인의 돌봄 부담의 문제가 사회적으로 대두된 것은 1990년 초부터였다. 가족복지 그리고 노인복지 연구자들은 우리 사회의 가족부양이 전통적 관점 그대로 며느리, 딸이라는 여성 가족구성원에게 짐 지워져 있는 현실을 연구를 통해 드러냈다. 장애우가 있는 가정의 경우도 예외가 아니었다. 기혼직업여성이 증가하던 현실은 가족 돌봄에서도 새로운 관점을 필요로 하였고, 특히 장애아동과 노인들의 부양에 대한 공공복지의 중요성과 필요성이 강조되었다. 그래서 만들어진 법률이 '노인장기요양보험법(2007년 제정, 이후 여러 번 개정 작업을 거침)'이었고, 이에 근거하여 장기요양시설(노인요양시설, 노인전문병원, 재가노인복지시설 등)에서는 노인을 돌보는 전문인력인 '요양보호사'가 양성, 배치되었다. 전국적으로 요양보호사 자격증을 가지고 있는 사람은 130여 만 명에 이르고, 실제 유급 근로자로 종사하는 인원은 15% 정도이다. 그 외 간병인, 노인 돌보미, 장애인 돌보미, 간호조무사 등의 훈련을 받은 분들이 있다.

스스로 일상생활이 어려워 누군가의 도움 없이는 식사나 배변이 어려운 분들의 옆에는 돌봄 인력이 필요하다. 이상적으로 이야기하면, 잡고 걸을 수 있는 바(bar)나 손잡이가 설치되어 있고 화장실이나 싱크대가 노인들에게 편리한 자신의 집에서 가족이나 훈련받은 요양보호사, 때로는 방문간호사의 돌봄을 받으며 지내는 것이 심리적으로 안정적이고 좋다. 그러나 집합주택이 많고 주거시설이 열악한 우리나라의 주택 환경에서는 돌보는 사람이나 돌봄을 당하는 사람 모두에게 집은 참 불편한 곳으로 인식되어 있다. 그래서 다들 편찮으시면 요양시설이나 노인전문병원으로 옮겨 여생을 보내는 문화가 널리 퍼져 있는 것도 사실이다.

우리 모두 언젠가는 이런 노인전문시설로 옮겨져 전문

훈련을 받은 분들의 도움에 의지해 살지 않으면 안 된다. 그러니 그분들을 '전문적 노동을 수행하고 있는 직업인'으로 인식해야 된다. 최저임금에 힘든 노동(대소변 치우기, 환자 돌보기 등)을 수행하고 있는 그분들에 대해 감사함과 친절함을 보이는 것도 교양인으로서 아름다운 태도일 것이다. 그분들은 하인이 아니다. 그분들은 자신의 고유 업무를 수행하는 요양·돌봄·부양의 전문가들이다. 어찌할 수 없는 여건으로 불편한 나의 부모를 맡겨둔 입장에서 그들의 존재를 더 인정해야 한다. 그리고 무엇보다도 누워 있는 부모님들도 그렇게 생각하시도록 말씀 드리는 것이 꼭 필요하다.

요양병원에 입원하기 전

60대 후반의 부부모임에서 의사 G 선생이 좌중을 압도한다. "이리 까불고 노는 것도 이제 10년밖에 없다. 10년 뒤에는 혼자 나타나는 사람도 있을 거고, 아예 못 나오는 인간도 있을 거다. 밥 먹듯이 운동하고, 욕심 버리고 살아라." 그 지당한 말씀에 모두 고개를 끄덕인다. 평균적으로 볼 때, 80대 초반까지 모임에 나오는 사람은 열 명 중 서너 명에 불과한데, 특히 남성의 수가 적다.

날마다 산책을 하고, 주 3회 정도 일정량의 운동을 하는 사람들이라도 노화되는 신체에서 불청객을 만날 수밖에 없다. 70대 초반의 삶은 대략 이러하다. 전화로 안부를 묻는 자식들에게 "걱정 마라, 별일 없이 우린 잘 있다"는 말을 건네면서 그럭저럭 집안일도 하고, 시장도 보고, 요리도 하고, 친구 만나러 가고, 심지어는 촛불집회도 한번 가보자 하고 나서는 등… 나이든 노인네 같은 느낌 없이, 그냥 종일 쉬는 듯 노는 듯하면서 사는 게 결코 나쁘지만은 않은 시절이다. 이때 엔딩 노트(ending note)는 꼭 작성해두어야 하고, 지역의 요양병원이나 호스피스병동이 있는 병원 등을 방문해보는 것도 필요하다.

70대 후반쯤에서는 숨어 있던 병이 나타나기 시작한다. 위암 정도는 애교스럽다. 들어보지도 못한 긴 이름의 병명이 내 것으로 가슴에 와 안긴다. 점점 사회관계망이 줄어들고, 병원 출입이 잦아진다. 어떤 사람들은 자빠지고, 엎어지고, 삐는 등 낙상(落傷)을 여러 번 겪으면서 혼자 외출하기가 어려워지는 시기에 닿는다. 가까운 거리에 사는 자식들이 자주 오고, 배우자가 힘들어하면서 이것저것 도와주지만 짜증이 나며 점점 정신적, 정서적으로도 환자가 되어간다. 방문간호사나 방문간병인의 도움을 받을 수도 있다. 이때를 대비해 가까운 거리의 병원(늘 나를 봐주시는 의사선생님이 주치의 아니겠는가)과 친숙해지는 것도 현명한 방법이다. 우리나라에도 의사가 가정을 방문해서 진단과 치료를 해주는 의료시스템이 더욱 보급되어야 한다.

80대 초반, 드디어 돌보는 가족들이 너무 힘들어 자의반 타의 반으로 요양시설에 들어가게 된다. 이런 상황에서 "난, 집에서 죽을래…" 떼를 쓰는 것은 다른 가족을 너무 힘들게 하는 것이므로, 아픈 노인이 빨리 판단하는 게 중요하다. 오히려 전문시설에서 더 정교한 돌봄을 받을 수 있고, 작업치료사나 사회복지사로부터 예술통합치료(그리기, 만들기, 춤추기 등)도 받을 수 있으므로, 학생 같은 기분으로 지낼 수도 있다. 독서를 좋아하는 사람은 책이

나 아이패드를 챙기는 등, 침대 위에서 가능한 한 자기만의 시간을 활용하는 것이 필요하다. 아직 정신은 살아 있다. 종일 누워 점점 바보가 되어간다고 여기기엔 아직 생생하다. 날마다 나를 보러 오던 아이들도 주일(週日) 방문으로 바뀌고 내 옆엔 간병인과 새로 사귄 옆 베드의 새 친구가 있다. 새로운 생활이 시작되는 것이다.

그러면서 80대 후반, "더 이상 좋아질 것 같지가 않네요"라고 간호사가 가족에게 건네는 이야기를 듣는다. "정신이 흐려지고 있어요." 이제는 장기요양병원에 들어갈 차례이다. 질환에 따라 머무는 시기가 다를 수 있지만, 이젠 전적으로 병원에 의존하는 삶이 되어버린다. 이 단계에서 내가 스스로 결정해야 할 것이 무엇이 있는가도 챙겨보고, 인생을 정리하는 마음가짐이 필요하다. 물론 집에서 방문간호를 받으면서 지낼 수도 있다. 이때 동년배의 배우자나 친구들은 아픈 사람을 위로하고 지지하면서 그의 삶이 결코 헛되지 않았다는 것을 깨쳐주려고 노력해야 한다. 누워 있는 사람은 "넌, 참 잘살았어", "사랑해"라는 말을 듣고 싶어 한다. 그게 가장 큰 위로이다.

연명치료 거절

어떻게 죽을 것인가? 늙고 병들고··· 그다음 죽는 게지. 고령으로 신체의 조직과 기관에 변화가 일어나고(늙고), 생활 기능성이 자연히 쇠퇴해(병듦), 드디어 사망하는 자연사(自然死) 혹은 노쇠사(老衰死)가 가장 이상적이라고들 하지만, 어찌 병원 한 번 안 가보고 가겠는가?

나이 들면서 나타나는 노화 증세, 즉 신체조직과 기관의 변화에는 개인차가 많다. 평균사망 연령이 여성과 남성 간에도 6년의 차이가 있고(여성이 더 오래 산다), 고혈압이나 당뇨병 같은 질병을 가진 사람과 그렇지 않은 사람들 간에도 6~7년의 수명 차이가 있다. 결혼 여부, 부모와 조부모의 사망연령, 나의 건강관리, 정서상태(스트레스 지수, 행복 지수 등) 등이 다 노화 진행에 영향 미치며, 종내는 죽는 모습에까지 영향을 준다.

최근 지인의 아버지가 97세에 세상을 떠났다. 어느 날 갑자기 밥맛이 없다면서 식사량을 줄이더니 마냥 누워만 있기에 억지로 병원에 모셨는데, 그 과정에서 병원에 가는 것을 거부하며 '이젠 죽어야지'라는 말만 계속했다고 한다. ○○암이란 진단이 내려졌고 치료를 해도 회복하기가 힘든 상황이라고 했다. 원기 회복 차원에서 몇 가지 수액 공급을 했지만 아버지는 표정과 눈짓으로 치료를 거부하셨다. 전문가들의 조언을 듣고 가족회의를 한 후 자녀들은 '고통완화치료(적절한 통증 조절, 욕창 예방, 배변과 배뇨의 도움 정도만 제공되는 치료로, 흔히 호스피스 치료라고 함)' 차원에서 병원을 옮겼다.

지인은 아버지의 치료 여부를 결정하는 것이 가장 어려웠다고 한다. 병원은 다양한 치료를 제안하였고, 이런 치료를 거절하는 게 마치 아버지를 빨리 돌아가시게 하는 것 같아 온 식구가 '어떤 방법이 가장 아버지를 위한 것인가, 아버지는 뭘 원하실까'라는 관점에서 오랫동안 이야기를 나누었다고 했다. 늙으신 어머님께서도 "그냥 보내드려라. 그게 아버지를 위한 것이다"라고 말씀하셨단다. 이게 법에서 금하고 있는 안락사(安樂死, 치명적인 약물을 투여하거나, 생명 유지 장치를 제거하여 죽음에 이르게 함)는 아닐까 하는 의구심도 들었단다.

이런 경우 중요한 것은 '평소 그분의 뜻이 무엇이냐'는 것이다. 가족들은 긴 대화를 통해 "신체 기능이 회복할 수 없는 상태에 이르게 될 때, 단지 생명을 연장하기 위해 인공호흡기를 사용하거나 튜브를 삽입하는 일이 없도록 하라"는 것이 평소 그분의 뜻이었다는 결론을 얻었다. 비록 당사자가 '사전의료연명의향서'를 직접 작성해

두지는 않았지만 자녀들이 그분의 '자기 생명 결정권'을
잘 이해하고 있었기에 연명치료를 거절하는 절차가 신속
하게 진행됐다.

우리도 이 숙제에 대한 답을 미리 준비해야 한다.

호스피스 병동

　　　　일전에 방문한 한 병원의 호스피스 병동은 따뜻했다. 조심스레 다가선 나에게 그곳도 사람 사는 곳이었다. 방문한 가족들의 이야기소리와 손짓이 내 마음을 편하게 해주었다. 지인의 소개로 췌장암 진단을 받고 이 병동에 두 달째 입원해 있는 L 여사(80세)를 만났다. 암 제거 수술이나 항암치료도 할 수 없는 상태에서 이곳으로 가시는 게 어떠하겠느냐는 의사의 권유에 처음엔 많이 당황했지만 자녀들과 의논하여 이 병동으로 옮겨 실질적인 암치료는 안 하고 통증관리만 받고 있었다. 만약 항암 치료를 받았다면 병상에 널브러져 얼마나 부대꼈겠느냐며, 의식 없이 그렇게 지내는 것에 비해 자신은 지금이 너무 편하다고 했다. 병동생활도 규칙적이고 여러 교육프로그램에 참여하면서 지낸다고 했다. 그러면서 자식들과 그간 살면서 못다 한 이야기도 나눈다고 했다. 죽음 준비도 자녀들과 의논하니 이젠 죽어도 여한이 없다고 했다. 평생에 이런 따뜻한 시간이 나에게 있었느냐 싶을 정도로 자녀들과 나누는 시간이 좋다는 말도 잊지 않았다.

　호스피스(hospice)는 라틴어의 호스피탈리스(주인이란 뜻)와 호스피티음(치료하는 집)의 복합어로, '손님을 환대하는 주인장의 따뜻한 마음이 담긴 공간' 정도로 해석된다. 그 역사는 고대 그리스에서부터 찾을 수 있지만 현대적 호스피스 운동의 선구자는 영국의 의사 손더스(Saunders)다. 그녀는 1950년에 말기환자의 통증조절 기술을 개선시키면서 성 크리스토퍼 병원을 설립하였다. 호스피스는 말기환자 간호(통증의학)로, 의학적 치료로는 효과가 없는 환자들의 육체적 고통을 덜어주는 데 목적이 있다. 그렇게 시작된 호스피스는 치료 중심에서 벗어나 돌봄의 철학(사랑, 연민, 생의 완성)을 강조한다. 호스피스를 접한 환자들은 편안하고 행복하게 여생을 마무리했다고 보고되고 있다.[*]

우리나라에서는 1965년 '마리아 작은 자매회(수녀들로 구성)'가 강릉 갈바리의원에서 '가정호스피스'를 시작한 것이 그 효시로 기록되어 있다. 이어 1988년 한국 최초로 성모병원이 병상 14개인 '호스피스 병동'을 설립하면서 본격적으로 시작되었다. 부산에서는 지난 2008년 부산성모병원이 최초로 말기암 완화의료기관으로 지정된 이후 지난 2014년 12월에 고신대 복음병원이 부산지역 처음으로 호스피스 전용병동을 설립했다. 이어 동남권원자력의학원도 암전문기관으로 호스피스 치료를 시행하고 있다.

하지만 사회 전반적인 인식 부족으로 아직은 이 치료를 받는 비율이 13.8%에 불과한 데다 시설도 부족하다. 정부는 최근 관련법을 통해 가정형 호스피스의 도입, 요양병원의 호스피스전문기관 지정 등을 통해 이를 확산시켜나갈 것이라고 발표했다. 생애 끝자락에 '의미 없는 치료(환자의 상태를 호전시켜줄 것을 기대할 수 없는 치료)'와 '의미 있는 치료(완화 치료를 통해 자연스럽고 편안한 죽음을 맞이하도록 돕는 치료)'의 선택이 또 남아 있다.

* Lynne Ann DeSpelder & Albert Lee Strickland, *The Last Dance: Encountering Death and Dying*, 2005. 이기숙·임병윤 옮김, 『죽음: 인생의 마지막 춤』, 창지사, 2010, pp.146-149.

가정 호스피스

2018년부터 시행될 '호스피스 완화의료 및 임종과정에 있는 환자의 연명의료결정에 관한 법률'은 향후 우리 사회에 '호스피스(완화의료) 서비스'가 증가할 것임을 암시한다. 이 서비스는 입원형(전용병원), 자문형(일반병동), 가정형(가정)의 방식으로 이루어지기 때문에 호스피스 서비스를 제공하는 전용병원 지정, 일반병동의 병상 수 증가(66개 전문기관의 1108개 병상을, 2014년 기준 13.8%에서 2020년 기준 20%로 올리겠다고 발표), 가정호스피스의 구체적 방안 등의 마련이 시급하다.

우리나라는 통증과 증상이 심한 말기암 환자들이 호스피스 서비스 혹은 완화의료를 선택하는 비율이 선진국에 비해 매우 떨어진다. 이유는 첫째, 전적으로 완화의료병동(호스피스병동)을 가지고 있는 병원 수와 병상 수가 부족하기(2014년 12월 기준하여 전 병상의 0.2% 수준) 때문이고, 둘째, 의사나 가족들이 완화의료를 치료포기로 오해하기 때문이다.

병상 수의 부족은 '고통완화 치료'가 보험 수가에 들어감으로써 어느 정도 완화될 가능성이 있고, 보건복지부가 시설과 인력을 갖추면 심사를 거쳐 지정하는 방식에

요양병원까지 포함시켰기 때문에 향후 병상이 증가하리라 본다. 그리고 인식의 개선은 관련법이 통과되어 다양한 제도 등이 만들어지면서 동시에 호스피스, 죽음 관련 교육과 정보가 증가하게 되면 서서히 바뀌게 되리라 기대한다.

인식의 개선 역시 경제적 접근을 취하면 이해가 쉽다. 즉 '죽기 전에 (국가적으로나 개인적으로) 의료비를 그렇게 쓸 필요가 뭐 있느냐? 평생 살면서 지불한 의료비보다 죽기 전 3개월 동안 지출하는 비용이 더 많다더라'라는 이야기에 사람들은 더 빨리 관심을 보인다.

'병원 입원' 중심이었던 호스피스 서비스에 '가정형 서비스'가 도입되었다. 가정호스피스란 말기암 환자가 '자신의 집'에서 의료진의 신체적·정서적 돌봄을 받을 수 있는 형태를 말한다. 정부는 전국 17개 의료기관에서 말기암 가정호스피스 완화의료 시범사업이 실시될 것이라고 밝혔다. 서비스 대상은 수개월 내에 사망할 것으로 예상된다는 진단을 받은 말기암 환자로, 담당의사의 의뢰서를 받아서 호스피스 의료기관에 등록하면 되는데, 향후 서비스 대상을 만성간경화, 만성폐쇄성호흡기질환 환자 등까지 확대할 방침이라고 한다. 등록 후 돌봄 계획이 세워지면 주 1회 이상 가정방문 서비스를 받을 수 있으며, 간호사만 방문하는 경우도 있고 가정호스피스

팀(의사, 간호사, 사회복지사)이 방문하는 경우도 있다. 환자가 부담하는 비용은 1회에 5천 원 수준이다. 의료팀이 함께 방문할 때는 1만 3천 원을 내야 한다. 그중 중증질환 산정 특례에 해당하는 사람은 비용의 5%만 부담하면 된다.

말기환자는 의료치료보다는 몸과 정신, 나아가 영적 성장을 위한 돌봄이 더욱 필요한 분들이다. 많은 호스피스 자원봉사자들이 그들을 돌보는 '인간사랑'을 실천하고 있지만 가정에 혹 이런 상황이 발생하게 되면 실제 가족들이 이 호스피스 정신을 배우려는 노력도 필요하다.

호스피스 완화의료
-보살핌의 철학

보건복지부가 발표한 '2014년 국립암센터 대국민 설문조사' 결과*에 의하면, 죽기 전 호스피스 프로그램에 참여하는 비율은 영국(93%)이 가장 높고, 미국이 40%, 우리나라는 13.5% 정도였다. 1967년 영국 런던의 '성 크리스토퍼 호스피스 병원' 의료부장 손더스(Saunders) 박사는 '말기 증상으로 아픈 환자와 그를 돌보는 가족이나 모든 사람이, 인생의 종말을 보다 품위 있게 맞도록' 돕기 위해, 의료처치의 대안으로 호스피스 프로그램을 개발했다. 그러다 1990년께 미국의 건강전문가들이 관심을 가지면서 우리나라에도 도입됐다.

호스피스 프로그램은 죽어가는 환자, 즉 말기 환자를 인간적으로 보살피도록 돕는 '보살핌의 철학'에 근거하고 있다. 이 프로그램은 구체적으로 두 개의 목적을 가지고 있다. 하나는 죽어가는 사람들의 통증을 통제(완화)하는 것이고, 둘째는 그들에게 사랑하는 사람들과 인생의 마지막을 나눌 수 있는 보다 개방적이고 친근한 환경을 제공하는 것이다.

통증완화치료라고 알려진 것이 이 프로그램의 유일한 의료행위이고, 그 외는 정서적 치료가 대부분이다. 호스피스팀은 의사, 변호사, 정신건강 전문가, 종교인, 사회복지사, 죽음 관련 전문가와 자원 봉사자들로 구성되며, 호스피스 병동 혹은 집에 있는 환자를 방문해 일상적 삶을 잘 영위할 수 있도록 지원한다. 이런 방법이 기존의 병원에서 말기 환자에게 주어지는 의료행위들보다 더 환자 개인의 존엄성, 정체감 유지에 효율적이고 더 인간적이라고 보고되고 있으며, 환자의 만족도도 일반병동에서의 치료보다 더 좋다고 보고되고 있다. 그리고 무엇보다 좋은 점은 이런 정서적 교류 과정에서 환자는 가족에게 남은 우애를 전달하며, 가족들은 그를 떠나보내는 시간을 함께 가지면서 상실에 조금씩 대처할 수 있는 것이다. 때로는 임박한 죽음으로 환자와 가족은 분노, 좌절, 탈진 등의 감정에 휩싸이기도 하기 때문에 죽음교육 및 상담전문가(싸나톨로지스트, thanatologist)와 같은 전문가의 지원이 제공되기도 한다.

우리나라에서는 이 프로그램 참여자를 말기암 환자에 국한시켜 적용하는 한계가 있기도 하지만, 무엇보다 현재 국내에서 이 호스피스 프로그램을 받을 수 있는 병원 수와 병실 수가 절대적으로 부족한 점이 가장 많이 지적된다. 보건복지부는 호스피스 병상 수를 2020년에는 1400개로 증가시키겠다고 발표하였지만, 실제 우리나라의 전반적인 의료서비스 현황에 비추어 볼 때 공공

의료기관의 적극적인 노력 없이는 목표달성이 어려운 실정이다.

　국내 대표 '호스피스 완화의료 전문기관'인 서울성모병원은 23명의 호스피스 프로그램 참여환자를 돌보기 위해 간호사 18명, 자원봉사자 50여 명이 근무하고 있다. 외국의 경우, 병원보다는 집에서 호스피스팀의 방문을 받아 프로그램에 참여하는 사례가 많다고 한다. 우리나라도 향후 '가정 호스피스'가 가능하도록 관련 규정 제정에 박차를 가하여야 한다. 그러나 더 중요한 것은 호스피스 프로그램을 받아들일 지역의료계의 철학이다.

* 보건복지부, 『2014년 국립암센터 보고서』, 2015.

좋은 치료의 선택

좋은 죽음은 선택할 수 있는 것이다. 어디에서 어떤 모습으로 죽을 것인가를 생각하다 보면 결국 마지막으로 내가 원하는 것은 무엇이며, 나는 이렇게 내 인생을 마무리해야 할 것인가라는 숙제를 가지게 된다. 이런 숙제를 스스로 마무리할 준비를 해야 하는데, 그렇지 못할 경우 가족들이 도와주어야 한다. 내가 숙제라고 표현하는 이것은 대체로 가장 마지막에 환자와 그 가족들이 원하는 '총체적 욕구'를 아는 것이다. 총체적 욕구란 신체적 편안함, 정신적 안정, 돌봄을 받는다는 지지감(사회적 지원), 그리고 영적 수준에 속하는 삶의 의미를 다 포함하는 욕구이다.

말기 질환 환자와 그 가족에게 '좋은 치료'란 이 신체적, 정신적, 사회적, 영적 측면이 다 포함된 것으로, 이 시기 우리는 다음과 같은 것에 주목해야 한다.

첫째, 환자가 질병에서 오는 괴로움과 통증으로부터 해방되었는가이다. 보통 의료치료란 병을 치료하는 데 중점을 두고 있으며, 환자는 여전히 약물에 취해 의식을 잃어버린 채 견디는 경우가 많기 때문이다.

둘째, 환자와 가족은 그들의 관심사를 이야기하고 처

리할 적절한 시간을 가지고 있는가. 환자는 자신의 삶에서 마무리해야 할 어떤 것들을 충분히 마무리하고 있는가. 이 중 가장 중요한 것은 용서와 화해이다. 용서하고 용서받는 일련의 소통이 죽음 앞에서는 대단히 쉽게 행해진다.

그리고 마지막으로 환자가 자신의 삶을 되돌아보고 자신의 삶에서 '긍정적 의미'를 찾았는가이다. 자녀를 통한 계승, 일을 통한 사회적 기여, 종교적 구원 등은 대체로 많은 사람들이 자신의 인생에서 가장 잘한 일로 꼽는다. 어떤 사람은 사랑하는 사람들에 둘러싸여 웃으며 자신이 사망하는 것을 희망하기도 한다. 가능하지 않은 꿈은 결코 아니다.

이런 임종을 가능케 하는 말기 돌봄이 '호스피스 완화의료'라고 생각한다. 완화의료는 말기병 환자 돌봄에서 발전된 것으로, 최근에는 의학, 간호학, 죽음학 등에서 전문 영역으로 발전하고 있다. 현대 의학의 눈부신 발전은 적극적인 치료를 통해 우리의 수명을 연장했지만, 그 늘어난 수명만큼 죽음에 다다르는 경로도 길어져, 실제 임종에 이르는 그 과정에 과학기술의 적용이 맞는 것인가에 대한 의문 등도 제시되고 있다. 주위를 둘러보면 (경험적이든, 의식적이든) 죽음에 많이 노출된 이들은 결코 죽음을 붙잡지 않는다.

왜 집에서 죽을 수 없는가? 집에서 임종하는 비율은 해마다 낮아져 2014년의 경우 13% 정도에 불과하다. 한국의 유별난 고층 집합주택(아파트 등) 보급률, 장례 시장의 확대, 병원이 장례업을 하므로 유도되는 병원에서의 사망 등이 점점 사망장소로 집을 피하게 하고 있다. 그러나 완화의료 전문가들은 사망하기에 가장 이상적인 장소로 집, 혹은 노인요양시설을 제시한다. 그 이유는 과도한 치료를 막을 수 있으며 가장 양질의 완화치료를 제공할 수 있는 장소이기 때문이다.

최근 한국보건사회연구원은 'OECD 보건통계로 본 한국인의 건강상태와 보건의료 이용' 보고서를 통해,* 우리나라의 환자 1인당 평균 병원재원 일수는 16.5일로 OECD 회원국 평균(8.3일)보다 2배 가까이 긴 것으로 나타났다고 전하고 있다. 그리고 우리나라 국민 기대수명은 OECD 평균보다 1.3년 길지만 주관적 건강상태는 34.1% 낮아 OECD 국가 중 주관적 건강상태가 가장 낮았다. 평균재원일수가 긴 요인 중 하나는 인구고령화에 따른 '사회적 입원(social admissions)'으로, 병원병상의 상당 부분이 장기요양을 위해 할당되어 있으며, 이러한 장기요양병원 병상의 과잉공급 및 지불방식에 따라 입원일수도 길어지는 경향으로 설명하고 있다.

또 치매에 의한 평균병원재원일수는 183.2일로 OECD

회원국 평균 41.6일에 비하여 4.4배나 긴 것으로 나타났다. 장기요양병원 병상 역시 2004년 65세 이상 노인인구 1000명당 2.5병상이었으나, 2013년 31.4병상으로 최근 10년간 12.6배 급증한 것으로 집계됐다. 이 같은 장기요양병원 병상의 증가 추세는 병상 수가 점차 줄어드는 국제적인 추세와 대조되는 것으로, 많은 OECD 국가에서는 더 이상 급성 치료가 필요 없는 환자에게 요양만 제공하는 장기요양시설의 수용 능력을 증대함으로써 고비용의 병원 병상 이용을 감소시키고 있는 상황이다.

* 한국보건사회연구원, 『2016 한국 의료 질 보고서』, 2016.

노인요양시설이
더 필요하다

　　　　　　　　개인, 가족, 의사, 요양시설 종
사자 등 누구든지 호스피스 지원을 요청할 수 있다. 그
러나 호스피스 등록은 '6개월 이내에 임종이 예견되는
사람'으로 제한하고 있으며, 의사와 호스피스 케어 감독
자는 질병이 정상적 과정을 거친다는 전제 하에 6개월
이하의 기대수명을 지닌 말기질환자임을 증명하기 위해
일련의 임상적 판단을 한다. 우리나라에서도 2015년 7월
부터 호스피스에 건강보험을 적용하기로 하였다. 그러나
노인호스피스의료보험(Medicare Hospice Benefit, MHB)
제도 등이 미비하여 호스피스 주대상자 선정에 어려움이
많으며, 지금은 병의 예후를 예견하기가 쉬운 진행성 암
환자들에 국한되고 있는 실정이다.

　많은 연구들은 '호스피스는 통증관리와 환자가 병원이
아닌 가정과 유사가정(시설)에서 관리 받을 수 있다는 점
에서는 장점을 지니고 있다'고 보고하고 있다. 고통완화
치료가 보다 보편적인 의료치료 속에 안착되어야 하고,
호스피스팀의 양성과 교육에 관한 관련 법과 제도가 보
완되어야 한다. '암관리법 및 의료법'의 시행규칙에 근거
해서 보면 호스피스는 가정형과 자문형(치료병상형)으로

나누어져 있고, 가정형은 자문형 호스피스를 제공하는 전문기관이 제공하는 것으로 되어 있다.

개별 환자의 입장에서 보면, 말기병이든 말기암이든 기대수명이 6개월 이하라고 판단되는 경우, 병원이 아닌 호스피스 병동이나 본인이 거거하는 장소(집 혹은 요양시설)를 선택하는 것이 낫고, 집보다는 노인요양시설에 머물러 돌봄을 받는 것이 경제적이고 현대가족의 기능에도 부합한다. 그래서 사실 지방자치단체는 그 지역의 노인요양시설 확충에 노력해야 하고, 우리는 늙어서 도저히 내 집에서 일상생활이 어려워지면 노인요양시설(무료도 있고 유료도 있지만, 향후 유료 시설의 증가가 필요함)로 옮겨, 거기에서 돌봄을 받다가, 죽기 전에 호스피스 완화의료에 의해 마감을 준비하는 것으로 플랜을 짤 수 있다.

혼자 식사를 할 수 없거나 화장실 출입이 어려운, 즉 독립적으로 일상생활이 어려운 노인들이 갈 수 있는 곳은 요양시설과 요양병원이다. 그러나 부산은 서울, 인천, 경남 등에 비해 '노인요양병원 대비 노인요양시설'이 부족하다. 노후에 병원에 머무는 것과 요양시설에 머무는 것의 사적, 공적 재정부담은 다르며, 어떤 돌봄을 노인이 받아야 하는가를 냉정히 판단해볼 때 노인은 좋은 병원보다는 좋은 시설에 머무는 것이 더 이상적이다. 당연히 선진국의 경우에도 시설이 많고, 당연히 시설의 다양한 프로그램에 의지하여 생을 마감하는 노인이 더 많다. 우리나라, 유독 부산은 왜 시설보다 요양병원이라 불리는 병원시스템이 많은 것일까? 그리고 향후 '노인환자가 병원을 방문하는 것'보다 '의사가 노인환자가 있는 곳을 방문하는 시스템'이 필요하다고 본다.

누가 내 옆에 있을까?

생로병사(生老病死), 인생을 가장 간결하게 설명하는 말이다. 아프다가 하루 이틀 만에 가고 싶은 것은 나이 든 분들의 꿈이라 해도 과언이 아니다. 내가 언제부터 스스로 아무것도 하지 못하는 '의존적 상태'가 될 것인가는 어느 누구도 알지 못한다. 그러나 필연적으로 그 시일이 어떠한가가 다를 뿐이지 누구나 아픈 상태에 머물다가 간다.

그 와상(臥床) 상태의 의존기간 동안 내 옆에 누가 있어줄 것인가가 요즘 내가 만나는 연령대 분들의 주요 화젯거리이다. 대체로 남성들은 배우자의 돌봄 혹은 부양을 받고 가신다. 아내들보다 나이도 많고, 실제 동갑이라 하더라도 예상 수명은 남성이 5~6년 짧아서, 평균적으로 남편이 먼저 간다. 그래서 남성들 사이에는 늙어서 마누라에게 잘하는 것이 아주 큰 보험에 든 것과 같다는 우스갯소리도 있다. 부모가 편찮을 때 당연히 자녀가 함께 의논하여 돌본다면 좋겠지만, 그 부양기간이 길어져 다른 가족들이 심한 부담을 가지게 되면, '편찮으신 부모를 돌본다'라는 것이 현실적으로 결코 간단한 일이 아니다. 효심 없다고 나무랄 일도 아니다.

편찮으신 아버님을 집에서 3년 동안 모신 여성 A 씨는 이젠 더 모시기가 정말 힘들다고 호소하였다. 이젠 온 자녀들이 다 지쳐, 아버지를 요양병원에 모시자고 진작 합의는 했지만 어느 자식도 아버지에게 그 말을 하지 못하고 있다고 했다. 그래서 나는 설명해주었다. 일차적으로 자녀들이 다 그렇게 생각하고 있음은 참 다행이다(이런 와중에 '큰오빠는 아버지 재산 다 받아놓고, 이제 와서 안 모신다니, 그게 무슨 말이냐'라고 비난하는 다른 형제가 있다면 의가 상하게 된다). 어느 누구도 아버지로부터 뭘 받은 것은 없으며, 여태껏 형제들이 다 공동으로 부담해왔다는 것이다. 참으로 좋은 자녀들이다. 그리고 그다음 질문으로 아버지는 어찌 생각하고 있느냐고 물었다. 이 일로 아버지와 자녀들이 자주 대화를 했지만 자기를 버린다고 생각하셨는지 섭섭해 하시기에 적극적으로 말을 못하고 있다고 했다. 그래서 아버지와 부양의 방법에 대해 솔직히 이야기를 나누어보라고 권유했다. 이후 자녀들이 돌아가면서 설명도 드리고, 실제 요양병원도 같이 방문해보았다. 그러면서 아버지의 생각이 많이 바뀌어, 이젠 스스로 그런 곳에 갈 나이가 되었다고 생각하신다는 것이다. 참 다행이었다.

지혜로운 노인은 마지막 돌봄을 가족들이 몇 년씩 한다는 게 힘든 일임을 안다. 우선 우리는 이 사실을 이해하고 수용하는 것이 제일 중요하다. 가족이 나를 돌보아 주겠지만, 어느 시기에는 시설이나 병원에 가야 한다는 것을. 그런데 이때 어떤 병원에 가고 어떤 치료를 선택하느냐는 전적으로 본인과 가족의 결정이기 때문에, 사전에 이에 관해 많은 대화를 나누어야 하고, 정보를 알고 있어야 한다. 자꾸 이런 글을 읽고 죽음을 생각하면서, 나를 돌보는 주위 분들까지 생각이 미쳐야 한다.

말기 돌봄 과정의
의사결정

노인들에게 제일 두려운 일은 병상에 누워 있는 상태로 사는 것이다. 혼자 일어나지 못함은 기본이고, 밥도 누워서 받아먹고, 대소변도 누군가가 처리해주어야 하는 처지가 되는 것을 말한다. 게다가 통증이 오고, 수술한 부위에 불편하게 뭔가가 장치되어 있다면 정말 곤혹스럽게 된다. 그런 모습은 내가 선택한 것도 아니지만, 비켜가고 싶다고 해서 비켜갈 수 있는 것도 아니다.

이런 상태에 오래 머물지 않도록 평소 건강관리를 잘하고 말기 돌봄 과정에서 현명한 의사결정을 내리는 일도 중요하다. 의료진, 시설 종사자, 가족 등 주위 분들도 말기 환자를 깊이 이해하면서 관용을 베풀 줄 알아야 한다.

특히 의료인은 노인과 그 가족의 의사결정을 내리는 데 핵심적인 역할을 하는 분들이다. 우리는 경험상 의사나 간호사가 친절하다고 생각하지는 않는다. 맡은 환자가 많다 보니 한 사람당 진료 시간이 매우 짧은 여건을 고려하면 '그럴 수 있다'고 이해는 하지만… 하여튼 의존적 환자와 그 가족들에게 병원시스템은 편하기보다는 두려운 상대이다.

말기 돌봄 과정에서 의사, 간호사 등 병원 종사자와 노인 및 가족의 의사소통은 대단히 중요하다. 교과서에는 '의료인들은 환자와 가족의 말을 경청하고, 그들이 삶의 의미, 소망, 목표 등을 알도록 도와주어야 한다'고 적혀 있다.[*]

노인 환자가 이상적인 의사결정자라면 더 바랄 것이 없다. 자신의 병과 죽음에 대해 정보를 알고 싶어 하고, 또 정보를 공유하고 있고, 다른 가족의 입장과 부담을 고려할 줄 아는 정신적 능력이 있다면 인생의 마무리가 고통스럽지 않을 것이고 오히려 비장하기까지 할 것이다.

그러나 앞에서도 언급했듯이 '사전의료의향서'라는 것이 무엇인지도 모르고(작성하지 않으셨고), 인지 상태가 악화된 말기에 자신의 견해조차 드러내지 못하고 가족들에게 일임할 수밖에 없는 경우에는 가족의 역할이 크다. 조만간 6·25 전쟁 이후에 태어난 베이비붐 세대(1955~1965년생)들이 노년기에 들어서게 될 것이다. 이들 역시 자신의 마지막 가는 모습과 주위 환경에 대한 공부가 절대적으로 필요하다. 덧붙여 앞으로 20여 년이 지난 후 이 노인들을 돌볼 자녀들(1980년대 출생아들) 역시 연로한 부모 돌보기에 대한 공부가 필요하다.

연로한 부모가 집, 시설, 병원 등 어디에 거주하든 자녀들의 일관된 관심은 필수적이다. 부모는 당연히 그 사랑과 돌봄을 받을 자격이 있으며, 자녀는 노쇠한 부모를 모시고 돌보는 과정에서 인생 공부를 하며 인격적으로 성숙해지고, 자신의 자녀에게 모범이 될 것이다.

* W. J. Hoyer, J. H. Rybasy and P. A. Roodin, *Adult Development and Aging*(4th), 1999. 윤경자, 이기숙, 김은경 옮김, 『성인발달과 노화』, 교문사, 2001, p.554 ; Lynne Ann DeSpelder & Albert Lee Strickland, *The Last Dance: Encountering Death and Dying*, 2005. 이기숙 · 임병윤 옮김, 『죽음: 인생의 마지막 춤』, 창지사, 2010, p.240.

연로한 부모 모시기

'긴 병에 효자 없다'는 말이 있다. 수년간 연로한 부모 돌보는 일에 시달리다 보면 부부애와 형제애도 금이 간다. 그만 부모님이 돌아가시기를 기다리는 묘한 상태가 되고 만다. 자녀를 잘 키우기 위한 '부모 교육'이 있다면 연로하신 부모를 돌보아야 하는 '성인 자녀용 부모 돌봄 교육'도 필요하다.

얼마 전 친구 A가 전화를 걸어왔다. "늙고 병들면 사람이 다 이렇게 되는 것이니?"에서 시작해 "아이 같은 눈빛으로 나를 바라보는 엄마를 볼 땐, 정말 울고 싶어져"까지, 사람이 나이 들면서 변모해가는 그 모습이 의문투성이고, 무섭기까지 하다는 것이다.

병든 부모를 이해하고 무조건 수용하는 것은 천륜에 해당하는 일이다. 하지만 자식들은 아직 늙어보지 못해서 '노인, 병든 노부모'에 대한 이해도가 낮고, 잘 모시는 태도나 기술이 부족한 것은 당연하다. 이런 문제를 극복하기 위해서는 먼저 경험한 분의 이야기를 듣고 관련 자료를 구해서 공부해야 한다. 그래야만 늙은 부모의 마지막 가시는 길까지 사랑을 전할 수 있다. 그런 자세로 부모를 떠나보내고 나면 스스로 좋은 자녀 노릇을 했다는 사실을 위안으로 삼을 수 있고, 자손들에게도 모범이 되리라 본다.

60세 자녀가 90세 부모를 직·간접으로(집에 모시든, 부양시설에서 모시든) 돌보는 것이 보통이다. 60세와 90세는 인지기능이나 정서, 사회성 등에서 다르다. 그래서 50~60대 자녀가 먼저 80~90대 노인에 대해 공부할 필요가 있다. 방송 등을 통해 우리는 노인의 몸과 질환에 관한 정보는 많이 받지만, 인생의 가장 마지막 단계에 와 있는 '노부모들의 심정(心情)'에 대한 정보는 얻기가 힘들다. 나이가 들면 다시 어린아이가 된다는 속설처럼 다시 아이가 되고 마는 상(霜)노인들에 대하여 공부할 필요가 있다.

노부모를 돌보는 데 필요한 또 다른 공부는 '나의 마음공부'다. 병이 짙고 생의 말기에 처한 노부모를 모시면서 힘든 상황을 이겨내는 데 필요한 것은 너그러움과 심적 부담을 감소시키는 노력이다. 시중에는 마음 치료, 감정 치료, 분노 조절, 명상, 힐링 마사지, 요가처럼 피로에 지친 몸과 맘을 긍정적으로 바라보도록 지도해주는 과정이 많다. 이런 공부를 통해 나를 사랑하고 인정하면 다음 단계로 가족에게 감사하는 넉넉함이 창출될 것이다.

연약한 부모를 돌보기 위해서는 먼저 부모님의 신체

적, 심리적, 사회적 상태에 대한 이해와 정보가 필요하고,
그다음 자녀 입장에서 그 돌봄의 부담감을 심리적으로
승화시키면서 심신을 단련하는 노력이 필요함을 이야기
하였다.

환자와 의사소통하기

　　　　　　　　　　의사소통(communication)은
관계의 질을 결정하는 데 중요한 역할을 한다. 특히 부모
의 의사소통 방식은 자녀의 잠재력을 개발하는 데 큰 영
향을 미친다. 결혼생활에서도 성격보다 의사소통이 부부
관계 만족도를 결정한다. 아무리 말기환자라 하더라도
그 또한 주위 사람과 감(感)으로 소통하고 있다고 보아
야 한다.

　의사소통은 사람과 사람이 언어와 비언어로 감정을 주
고받는 과정이다. 그중 말기환자는 상징적인 비언어로
의사소통하는 경우가 많다. 따라서 환자를 돌보는 사람
은 환자의 표정, 목소리 톤, 눈 맞추기, 손가락 놀림과 같
은 무언(無言)의 대화에 예민해야 한다. 무언의 대화 속에
담긴 의미를 잘 해석하여야 한다. 대체로 여성 부양자는
남성 부양자에 비해 그런 사소한 움직임의 의미를 잘 해
석해낸다. 특히 배우자가 돌보는 경우에 의사소통은 훨
씬 원활하다.

　말기 환자는 의료장치를 착용하고 있는 경우가 많아
의사전달이 불분명하다. 그럴수록 가족과 의료진은 적
극적으로 경청하는 자세를 가져야 한다. 잘 듣는다는 것

은 상대가 지금 어떤 욕구를 가지고 있는가를 잘 파악한다는 의미다. 듣고 이해하고 나아가 환자를 도울 방법을 찾는 것까지 포함해서 환자를 살펴야 한다.

다음으로 환자의 의사소통 태도도 대단히 중요하다. 죽음을 앞둔 환자는 의사소통에 취약하다. 돌보는 사람의 수고가 미흡하다고 느끼면서도 설명하기가 어려운 처지에서 사소한 말과 행동에 쉽게 상처를 입을 수 있는 상황에 있다. 그럴수록 환자는 자신을 돌보는 사람을 믿고 '함께하는 사람'이 있다는 사실에 감사하는 자세를 가져야 한다. 환자 스스로 열린 마음을 가져야 돌보는 사람과 마음으로 연결되고, 그런 연결 상태가 의사소통을 보다 명확하게 만들어준다. 환자가 열린 마음으로 돌보는 사람의 가치를 인정한 만큼 자신의 욕구도 충족될 수 있다. 사람은 죽어가는 과정에서 다양한 생각을 할 것이고, 인생을 정리하는 시점에서 다양한 요구를 가지고 있을 것이다.

특히 말기환자와 의사소통을 할 때 중요한 점은 평온한 침묵도 기꺼이 받아들이는 것이다. 서로 말할 수 있는 게 없다 하더라도 환자를 존중하고 인정하는 마음은 분위기로 전달된다. 모든 것을 두고 먼저 가는 사람의 심정에 공감을 보내면서 근심을 내려놓고 떠나갈 수 있도록 도와주는 사람의 노력이 필요하다.

사전연명의료의향서를
갱신하라

　　　　　　　　어르신들을 모시고 죽음준비
교육(웰 다잉, 임종 준비, 엔딩 노트 작성 등의 이름으로 프로그
램이 구성된다)을 하다 보면, 사전연명의료의향서를 이미
썼는데 또 써야 하는지 물어보는 분이 많다. 부산의 경
우에는 웰다잉문화연구소(부산지역에서 가장 먼저 의향서 보
급 사업을 했으며, 지금도 다양한 죽음교육 사업을 하고 있다)가
2012년 개소 이후 꾸준히 보급 사업을 하였기 때문에 이
미 그걸 작성해보았다는 분들이 계신다.

　이미 작성한 분은 자녀들에게 보여주면서 자신의 연명
의료에 대한 의견, 태도, 결정 등을 자세히 말해줘야 한
다. 노인들이 병원에 입원할 상황이 되면 이미 몸과 마음
이 노쇠해져 '의사결정 능력이 없는 사람'으로 비치므로,
이런 경우 자녀들이 부모의 사전의향서 내용을 알고 있
거나 직접 부모님이 작성한 것을 의료진에게 보여줄 필
요가 있다. 물론 보여준다고 해서 의료지침이 당장 변경
되지는 않겠지만, 환자 본인의 의견이 존중되는 치료가
선택 가능하도록 의료진들이 의논을 할 것이라 본다.

　간혹 '부모님이 정말 스스로 이런 결정을 내렸을까' 의
심이 가는 경우도 있다고 한다. 부모님이 주치의와 의논

해서 이런 결정을 내리고 서명했을까? 친구의 판단에 그냥 따른 것은 아닐까? 등의 의문도 든다고 한다. 정작 본인은 의식을 잃고 누워 있기 때문에 그런 의문에 속 시원히 답해줄 수도 없고, 간혹 목소리 큰 자녀가 생떼를 쓰면 본인의 계획이 무용지물이 될 수도 있어 당황스럽다고도 한다. 그래서 어르신들에게 누누이 자제분들에게 이걸 보여드려 본인의 의사를 밝히고, 가족들도 이 사실에 다 합의하는 마음을 가지고 있어야만 한다고 말해드린다. 삶의 마지막 의학적 결정과 윤리적 가치 측면에서 '본인의 자기 결정'이 가장 중요하기 때문이다.

작성하였다 해서 다시 작성하지 않아도 되는가, 라는 질문에 나는 늘 기회가 되면 다시 적어보라고 권한다. 작성한 시기도 다르고, 건강 정도에 따라 생각이 달라질 수가 있으므로 가능한 한 '내가 정말 바라는 것은 무엇인가'를 생각하고 또 생각해야 한다. 생명은 한 번뿐이다! 웰다잉법('호스피스완화의료 및 임종과정에 있는 환자의 연명의료 결정에 관한 법률')에 근거(관련법 제17조)해서 보아도 의료기관은 작성된 연명의료의향서가 있는 경우 이를 환자의 뜻으로 본다. 향후 이 법에 근거해 '국립연명의료관리기관'이 생기면 등록, 변경철회 등에 관한 안내가 다시 이루어지겠지만 무엇보다도 중요한 것은 본인의 의사와 그것이 반영된 문서이다.

이런 걸 작성하지 않았거나, 가족들이 몰라서 의향서를 지참하지 못했을 경우에는 '연명의료계획서'를 작성하여야 한다. 아직 확실한 양식이 나오지는 않았지만 POLST(physician's order for life-sustaining treatment)에 근거하여 볼 때 '말기환자의 의사에 따라 "담당의사"가 환자에 대한 연명의료 중단 결정 및 호스피스 사항을 계획하여 문서로 작성'한 것이 '연명의료계획서'이다. 환자가 직접 작성한 '사전연명의료의향서'와 담당의사가 작성한 '연명의료계획서' 중 병원에서 어느 것을 우선적 기준으로 삼을 것인가는 향후 논의가 필요한 부분이다.

조력자살

최근 남아프리카공화국의 정신적 지도자인 데스몬드 투투(Desmond Tutu) 성공회 명예회장이 〈워싱턴포스트〉지에 '존엄하게 죽을 권리'를 촉구하는 글을 기고하였다. 그는 2년 전만 해도 생명의 존엄성을 우선시하며 낙태는 물론 조력사도 반대했다. 그러나 그 자신 암이 재발하여 투병하면서 점점 불치병으로 고통받는 환자들에게 관심을 가지게 되었고, 죽음에 이르기까지 어떤 치료를 받아야 하는가를 깊이 생각하면서 '조력자살'이 기독교 정신에 위배되지 않으며 향후 자신도 조력자살을 선택할 것이라고 공언하였다.

조력자살은 '불치병 환자가 의료진(혹은 법으로 정해진 조력단체 등)으로부터 약물을 처방받아 스스로 목숨을 끊는 죽음'을 말한다. 조력사는 생명을 연장하는 것이 의미가 없는 환자가 치료를 받지 않고 죽는 존엄사와 다르다. 회생이 불가능한 환자로부터 생명 연장장치를 제거하는 안락사와도 구별된다. 하지만 죽음에 대한 자기 결정권을 존중한다는 면에서는 존엄사와 비슷한 측면이 있다.

독일의 철학자 니체는 조력자살에 대해 "환자의 자율

성을 존중해야 하는 의사의 도덕적 의무"라고 말했다. 단순하게 생명을 유지하고 연장하는 것을 의료 행위의 목적으로 삼아서는 안 된다는 말도 덧붙였다. 이 같은 논리에 따라 미국의 병리학자 잭 케보키언(Jack Kevorkian)은 1990년부터 의사의 도움에 따른 자살을 합법화하기 위한 운동을 전개해왔다. 그는 그동안 100여 명의 사망에 조력하였고, 그 일로 '2급 살인죄'를 선고받기도 하였다.*

현재 미국 연방법원은 치료 취소와 치료 중단을 일부 인정하고 있다. 조력자살에 대해선 주 정부가 독자적으로 정책을 수립하도록 하고 있다. 이에 따라 오리건 주와 캘리포니아 주, 워싱턴 주는 조력자살을 허용하고 있다. 유럽에선 2001년에 네덜란드가 조력자살을 처음 허용한 이후 스위스, 벨기에, 룩셈부르크가 합법화한 상태이다.

최근 국내에서도 『죽음을 어떻게 말할까?』(열린책들), 『나는 죽을 권리를 소망한다』(빗살무늬) 등 조력자살에 관한 책이 출간되었으며,** 영화 〈청원〉, 〈미 비포 유〉, 그리고 최근 개봉한 한국영화 〈죽여주는 여자〉 등을 통해 조력자살, 안락사 등이 알려지고 있는 실정이다.

그러나 조력자살의 윤리성과 합법성 그리고 현실적 필요성 등을 두고 선진국에서도 많은 논쟁이 따르고 있는 실정이다. 우리나라도 연명치료 중단을 합법화하는 법

(호스피스 완화의료 및 임종과정 환자의 연명의료 결정에 관한 법률)이 2018년 시행되면 조력자살과 안락사에 대한 논의가 시작될 것이다. 그런 논의가 진행되기 이전에 조력자살에 대한 학술적인 연구와 각계 의견을 정밀하게 수렴하는 선행 작업이 구체적으로 이뤄져야 할 것이다.

* Lynne Ann DeSpelder & Albert Lee Strickland, *The Last Dance: Encountering Death and Dying*, 2005. 이기숙 · 임병윤 옮김, 『죽음: 인생의 마지막 춤』, 창지사, 2010, p.251.
** 윌리 오스발트(김희상 옮김), 『죽음을 어떻게 말할까?』, 열린책들, 2014 ; 뱅상 왕베르(최내경 옮김), 『나는 죽을 권리를 소망한다』, 빗살무늬, 2003.

사려 깊은 의료가
보이지 않는다

편찮으신 노인들이 임종기에
경험하는 보통의 의료과정은 이렇다.

85세의 W 할머니는 집 안에서 정신을 잃고 쓰러졌는
데, 이를 이웃이 발견하여 딸에게 연락해주었다. 할머니
는 그동안 장기간 복용한 약물 부작용으로 신부전증을
앓고 있었고, 병원에서는 평생 혈액투석을 받아야 할 것
이라고 말하면서, 이젠 노모를 혼자 있게 해서는 안 된다
고 했다.

자녀들은 어머니 혼자 지내게 할 수가 없어, 의논하여
아들 집에서 지내도록 했다. 그러나 일주일에 두 번씩 인
공신장센터에 모시고 가야 하는 등 어머니를 모시는 것
이 아들 가족들에게는 너무나 힘든 일이었다. 할머니도
자기가 살던 곳이 그립고 이웃들이 그리워 우울증이 생
기는 듯하였다. 할머니는 고층아파트인 아들네 집이 너
무 답답하여 갇혀 사는 것 같은 마음에 갈수록 우울증이
더 심해졌다. 그리고 어느 날 혈액투석을 받는 도중에 심
장발작이 일어나 의식을 잃었다.

할머니는 응급처치 후 큰 병원으로 옮겨지고 심폐소생
술을 받은 후 중환자실로 옮겨져 인공호흡기와 혈액투

석기를 달았다. 할머니가 '사전의료의향서'를 작성해두지 않았기에 가족들은 여러 방향으로 알아보고 의논을 하였다. 그 결과 신부전증은 편안하게 죽을 수 있는 병이라는 걸 알고 병원에 모든 장치를 떼어달라고 요구했다. 하지만 그런 요청은 받아들여지지 않았다. 그러나 가족의 끈질긴 요청과 확인으로 산소호흡기의 산소 공급을 차츰 줄여나가는 방법을 사용하였고, 며칠 뒤에는 혈액투석기마저 제거하였다. 할머니는 일주일 후 숨을 거두었다. 큰 병원으로 옮긴 지 50여 일 만이었다.

이와 같은 예는 주변에서 흔히 볼 수 있는 의료과정이다. 이러한 일련의 처치 과정에 대해 '비인간적이고 질병 중심적이면서 응급대응 체계만 강조되고 환자의 욕구는 무시되는 사려 깊지 못한 치료법, 소위 빠른 의료(fast medicine, 현대의료의 신속하고 기계중심적인 방식을 빗대어 하는 표현)'라고 미국의 노인의학 전문가들은 비난하고 있다.* 환자들은 신속하게 검사실로 옮겨져 보험처리가 되는 여러 가지 비싼 고급기술 검사를 받고, 표준화된 지침에 따라 처방되는 약을 받는다.

물론 환자 가족들이 첨단기술 치료를 더 선호하는 경향도 있지만, 어떤 의사들은 '환자(인간) 중심의 느린 의료(slow medicine)'를 권하고 있다.** 주로 노인의 경우에 적용되지만 수술도 마다하고 약도 견디기 힘든 증세만

없애주는 정도로 투여하면서, 환자가 최대한 정서적, 심리적, 영적 지지를 받으며 돌봄을 받는 '임종기 의료방식(완화, palliative)'*** 을 추천하고 있다. 이 공부를 하면서 가족 중 의사(醫師)가 있는 지인들에게 '부모님이 임종을 어떻게 하셨는지' 물어보면, 하나같이 '연명의료(생명유지 치료 및 장치 등을 사용하는 치료)보다는 완화의료(고통완화 정도만 치료)'를 선택하였음을 알 수 있다. 임종기를 가능한 한 단축시켰다는 말이다.

현대의학의 눈부신 기술이 유용하기는 하지만 때로는 가슴보다 머리 중심의 치료를 적용하지는 않는지 반성해볼 필요가 있다. 짧은 임종기에 개인이 쓰는 평생 의료비의 반 정도가 사용된다니…. 야박하게 그 많은 의료비가 다 어디로 갔을까, 라는 생각이 든다.

---

* D. McCullough. *My Mother, Your Mother.* 윤종률·유은실 옮김, 『나의 어머니, 당신의 어머니』허원북스, 2014, p.23.
** 김현정, 『의사는 수술받지 않는다』, 느리게읽기, 2012.
*** WHO의 '완화케어(palliativ care)': '치유를 목적으로 한 치료에 반응하지 않는 질환을 가진 환자'에 대해 행해지는 적극적이고 전체적인 의료. 이 의료에서는 고통의 조절, 고통 이외의 제 증상에 대한 조절, 심리적 고통, 사회적 문제, 영적 문제 해결이 제일 중요한 과제가 된다.

3부

———

마지막
파티

나는 어떻게 사라질까?

　　　　　　　시인 황동규의 연작 시집 『풍
장』*은 죽음을 자연으로 돌아가고자 하는 희망으로 보
여준다. 10여 년에 걸쳐 쓴 연작시 70여 편은 죽음을 자
연의 법칙에 따른 생태적 순환의 과정으로 보면서 '사라
짐'을 아름답게 표현하고 있다.

바람을 이불처럼 덮고
화장(化粧)도 해탈(解脫)도 없이
이불 여미듯 바람을 여미고
마지막으로 몸의 피가 다 마를 때까지
바람과 놀게 해 주오(「풍장 1」)

숲에서 나와
가까이
땅의 얼굴에 얼굴 가까이
그 얼굴의 볼에 가볍게 볼 비비고
그 얼굴의 입에 가까이
혀 가까이
목구멍 가까이

가볍게
몸이 가벼워져 거구로 빙빙 돌며 떠오르는 곳
회오리바람 이는 곳, 내 죽음 통하지 않고 곧장 승천하
는 곳(「풍장 15」)

풍장(風葬)은 시신을 안치한 다음 풀로 덮고, 뼈만 남
을 때까지 놓아두는 방식이다. 우리나라의 남해안에 있
는 일부 작은 섬에서 행해지던 장례 풍습이다. 육체가 사
라져가는 모습을 원색적으로 보여준다는 측면에서 좋은
연구 주제가 되는 풍습이기도 하다.

20여 년 전, 미국의 철학자 헬렌 니어링이 쓴 자전적
에세이『아름다운 삶, 사랑 그리고 마무리』**를 읽은 적
이 있다. 책 속에 등장하는 헬렌 니어링의 남편 스콧 니
어링은 '친구들이 나의 임종을 지켜보고, 시체에 작업복
을 입혀 침낭 속에 넣은 다음, 나무 상자에 뉘어 화장한
후, 재를 자신이 살던 집 근처의 나무 밑에 뿌리기를 부
탁하였다'고 한다. 이 대목에서 나는 생태적 장례인 수목
장(樹木葬)에 대해 자세히 알게 되었다. 특히 어떤 의학적
접근도 마다하고 자연 그대로의 생물학적 노화과정을
거쳐 죽음에 이른 그 사람이 삶을 거두어들이는 방식에
다소 충격도 느꼈다.

사람이 마지막 숨을 거두고, 육체가 사라져가는 과정

과 절차는 다양하다. 시신을 땅에 묻는 매장에는 그 나름대로 철학과 가치가 있고 화장을 택하는 사람 역시 자신의 신념이 있다고 본다. 하지만 죽음을 연구하기 시작한 이후 공부를 하면 할수록 흔적을 남기지 말고 이승에서 저승으로 옮겨가는 것이 좋다는 생각이 든다.

* 황동규, 『풍장』, 문학과지성사, 1995.
** 헬렌 니어링(이석태 옮김), 『아름다운 삶, 사랑 그리고 마무리』, 보리, 1997.

마지막 생일상

웰 다잉 수업에서 한 어르신 학생께서 이런 말씀을 하셨다. "저는 사전 장례식? 생전 장례식? 같은 걸 하고 죽을래요.", "어떻게 하고 싶으세요?" "죽음이 예감되는 마지막 생일에 할 생각입니다. 가족과 친한 친구들을 초대해서 '잘 살아라, 나는 먼저 간다'는 인사를 할 거예요." 생전 장례식이라는 말이 나오자 동료들이 손뼉을 치며 좋은 생각이라고 거든다. "그날 옷은 어떻게 입을 것이냐"는 질문부터 "그 자리에 나도 불러달라. 잘 차려줄게… 그리고 이별송도 해줄게"라는 등… 교실에는 웃음이 일었다. 많은 분들이 동의하면서 "그리고 이튿날 콱 죽어버려야지" 하신다. "안락사는 어때요?", "그건 안 돼. 자살하고 뭐가 달라… 일주일만 굶으면 그대로 가는데…" 이렇게 우리는 웃으며 죽음에 대한 불안감을 함께 나누었다.

구청과 복지관 등에서 '죽음준비교육', '웰 다잉', '인생을 아름답게' 등으로 많은 교육이 이루어지고 있다. 죽음에 대한 원초적인 불안은 누구나 다 가지고 있지만 나이가 많은 어르신들의 경우 워낙 코앞에 닥친 일이라 무섭다기보다는 '이 고개를 어찌 넘어가지?'라는 태도가 강하다. 죽음과 관련된 이야기를 자연스럽게 나누면서 마지막 순간인 임종을 구체적으로 그려보기도 한다.

수업에서, 나는 살면서 경험한 죽음에 대해 서로 이야기하는 시간을 마련한다. 어린 시절 익사한 친구부터 병환에 시달리다 떠난 부모님 등… 어르신들이 나누는 대화 속에는 수많은 죽음이 등장한다. 그렇게 이야기를 나누는 과정에서 어르신들은 죽음이 남 일이 아니라 조만간 닥쳐올 자기 일로 인식하게 된다.

그다음 시간에는 '나의 죽음'을 이야기하는 집단토론이 이어진다. 그럴 때 전혀 입을 열지 않는 어르신을 가끔 만난다. 그런 분에게는 내가 이야기 상대가 되어준다. 대체로 그런 분들은 깊은 죄책감이 동반된 죽음의 경험, 즉 어린 자식을 잃었다거나 아내를 먼저 보낸 아픔을 가진 경우가 많다. 그런 사연을 이야기로 풀어내다 보면 곤혹스러워하면서 두려운 마음을 드러내는 분이 대부분이다. 그럴 때는 즉시 다른 과제를 안겨드린다. 그렇게 수업을 10회가량 하다 보면 죽음에 대한 인식이 점차 편안한 방향으로 바뀌어가는 것을 느끼게 된다. 죽음을 필연적인 여정으로 받아들이면서 대화를 통해 삶을 정리하는 과정을 거쳤기 때문이다.

'생전 장례식' 같은 어떤 형식을 빌리는 이야기가 나오고 있지만 그건 형식일 뿐, 결국은 자신의 죽음을 준비

하고, 떠나기 전에 나의 인생을 정리·평가하면서 행여
나 나로 인해 마음이 상했던 사람이 있었다면, 특히 가족
들이 그렇다면 그걸 풀고 편하게 가고 싶다는 바람이다.
부모를 모시는 자녀들의 관점에서는 혹시 노쇠하고 연
로한 부모가 계신다면 해마다 '마지막 생일상'이란 의미
에 관심을 두는 것도 좋겠다.

임종 파티 초대장

앞에서 '영적 죽음(혹 '정신적 죽음'으로도 번역, spiritual dying)'에 대해 언급한 적이 있다. 죽음은 내 몸만 사라지게 하는 것이 아니다. 나의 가족 관계, 사회적 관계, 나의 꿈과 희망 등이 다 함께 죽는 것이다. 그래서 신체적 치료 못지않게 정신적, 관계적 치료도 필요하다.

회복할 수 없다는 확신이 서게 되면, 이 시기는 질병의 말기 단계로 다른 과업이 있다. 앞 단계에서 우리는 병의 원인과 결과를 알려고 노력하고, 질환에도 불구하고 정상적인 삶을 유지하려고 노력한다. 병으로 인한 여러 가지 부작용도 관리한다. 그러나 이 모든 의학적 치료에도 불구하고 내가 회복 불가능하다고 판단되면 이런 신체적 치료보다는 심리적·정신적 치료에 주목해야 한다.

미국의 죽음연구가인 와이즈만(A. Weisman)은 말기환자를 대상으로 광범위한 연구를 한 결과, 임종에 다다른 환자에게는 신체적·의학적 치료보다는 (고통 완화 치료와 함께) '의미 중심의 치료'가 중요하다고 했다. 즉, 이제 더 이상 불가능한 목표는 단념하고(나으려는 목표는 버리고) 새로운 목표(남은 삶의 정리와 평가)를 정해, 현재의 상황에 대해 긍정적 해석을 하면서(영적 죽음의 수용), 새로운 가치(내 삶의 의미 부여)를 찾는 것이다.*

조안은 그의 임종파티(송별파티)에 가까운 가족과 친구들을 초대하였다. 이 초대에서 우리는 그녀의 새로운 가치를 발견할 수 있다. 그녀는 사랑을 남기고 싶었고, 마지막 희망을 보여주고 싶었고, 즐겁게 죽음을 맞이하고 싶었다. 다음은 그녀가 만든 초대장의 일부이다.**

생사의 순환 속에서 낙엽이 떨어지듯 머지않아 제 몸도 쓰러져 대지의 품으로 돌아가겠죠. 겨울을 맞으려고 에너지를 비축하는 나무같이, 저도 생의 마지막 과정을 맞이하기 위해 힘이 필요합니다. 오실 때에는 저에게 힘과 격려가 되는 상징적인 선물을 가지고 오셨으면 합니다. 돌, 조개껍질, 나뭇잎 등과 같은 자연물이나 한 편의 시나 글, 그림 등이면 좋겠습니다. (…) 저의 지친 몸에서 영혼이 모처럼 자유로이 날아다닐 시간이 곧 다가온다고 생각하니, 새삼스런 즐거움이 제 안에서 솟아오르는 것이 느껴집니다.

친구들과 우정을 나누는 것은 임종환자에게 상당한 힘이 될 수 있다. 파티장에는 긴 선이 그어져 있었고, 조안은 그 선까지만 부축을 받으며 걸었다. 당신들과 나는 다르다. 나는 이젠 곧 천국으로 갈 것이다. 그 전에 나는 당신들에게 내가 찾은 '새로운 인생의 소중함(가치)'을 알려주고 싶다. 함께해주어 고맙다는 인사와 함께 그녀의 메시지가 이어졌다. 이날 참석자들은 '자기 죽음'에 대해 생각하는 기회를 얻게 되었다고 말한다.

* A. D Weisman, *On Dying and Denying: A Psychiatric Study of Terminality* 재인용 ; Lynne Ann DeSpelder & Albert Lee Strickland, *The Last Dance: Encountering Death and Dying*, 2005. 이기숙 · 임병윤 옮김, 『죽음: 인생의 마지막 춤』, 창지사, 2010. p.184.
** 같은 책, p.194.

사는 것과 죽는 것의 경계

친구 부친의 문상을 다녀왔다. 다소 한적한 빈소에서 우리들의 대화는 아버님이 돌아가시기 며칠 전의 일상에서부터 마지막 숨을 거두시는 순간의 모습까지 이어졌다. 친구의 표현에 따르면, 아버지는 천사가 안고 가듯 그렇게 마지막 숨을 쉬시더라는 것이었다. 숨을 거두다. 죽다. 그건 한 경계를 넘는 순간적인 사건이다. 이 애매하면서도 경험한 적이 없는 순간에 대해 서로 아는 만큼 이야기를 나누었다.

"난 진실한 믿음과 임종의 모습은 관련성이 있다고 봐. 평소에도 인자하시고, 그렇게 구원의 확신을 가지고 계신 어르신께서는 죽는 순간이 아름다워. 고요해요. 그냥 눈을 감으시더니… 가시는 거야…. 사는 것과 죽는 것의 경계가 없었어. 살고 계시다 그냥 어딘가로, 문지방 지나 저 방으로 가시듯, 건너가시는 거예요."

이 친구의 말은 어떻게 살아왔는가와 어떻게 죽는가가, 서로 다른 것이 아니라 연결되어 있다는 말이다.

"참 죽기 싫어하시는 어떤 분을 보았어. 돌아가셨다고 생각했는데 다시 깨어나기를 여러 번 반복했지. 나는 지금 죽으면 안 돼, 이렇게 죽음을 강하게 거부하는 느낌이었어. 왜 그분이 죽기 싫어하는지 가족들과 이야기를 나누어보았지. 자녀들도 다 성장하고 배우자도 수년 전 돌아가셨는데… 이제, 좀 살기가 편해졌는데… 내가 가다니… 라고 생각하시는 것 같다고… 늘 자신을 수고하게 만드는 영감도 없고, 이제 밥술이나 먹으면서 홀가분하게 좋은 세상 좀 즐기며 살고 싶은데… 억울해서 그러는 것 같다고 하더군. 그래서 그런지 그분은 얼굴을 찡그리고 몸을 비틀면서, 옆에서 볼 때도 참 고통스럽겠다는 생각이 들 정도로, 이승에서 저승으로 넘어가는 게 저리 힘들구나 싶을 정도로 힘들게, 힘들게 숨이 넘어가는 거야."

죽음에는 신체적인 죽음만 있는 것이 아니라 영적인 죽음도 있다. '내가 이젠 더 살 수가 없구나'라는 자기 인식도 필요하고, "지금까지 너무 수고하셨습니다. 당신 덕분에 이렇게 살 수가 있었어요. 이젠 아무 걱정하지 마시고 편히 눈을 감으셔도 됩니다."라는 타인의 인정도 필요하다. 이렇게 힘든 소통은 보통 배우자나 형제자매가 맡는 것이 좋다. 그렇지 못하다면 자식이라도 떠나는 어른의 일생을 인정하고, 그간의 노고에 의미를 부여하는 것이 영적 죽음을 완성해드리는 과정이다.

독일의 전문 사진작가와 저널리스트가 함께 만든 『마지막 사진 한 장』이란 책이 있다.* 호스피스 병원에서 죽음을 기다리는 23인의 환자들을 만나, 그들이 살았을 때의 모습과 돌아가신 뒤의 모습을 대비시켜 죽음을 기다리는 사람들의 다양한 풍경을 보여주는 책이다. 돌아가신 분들의 사진은 마치 석고상을 찍은 듯하지만, 그 속에도 평화, 고통, 애잔함 등의 감정이 숨겨져 있다. 그 속에서 나 자신이 임종을 맞이하는 순간도 그려보았다.

* 베아테 라코타 글, 발터 셸스 사진(장혜경 옮김), 『마지막 사진 한 장』, 웅진지식하우스, 2008.

사(死)의 의례

'Happy birthday to you~'
라는 멜로디는 들을 때마다 우리를 즐겁게 한다. 생로병
사의 긴 여정은 새 생명이 태어나는 것으로 시작해서 첫
돌, 빛나는 입학식과 졸업식, 그리고 아름다운 결혼식 등
을 거치면서 기쁨을 나누고 함께 살고 있음을 확인한다.
삶의 중요한 전환점에서 새로운 용기와 희망을 가지라
고 차려주는 상(床)들이 바로 의례(儀禮)이다.

나이 든 사람에게 가족이 함께해 줄 상(床)은 무엇이
더 있을까. 고희(70세), 희수(77세), 미수(88세) 그리고 백
수(99세). 그 어디쯤에서 주검을 보내는 상, 장례(葬禮)가
생의 마지막 의례이다. 그래서 장례는 어느 생일상보다
오래, 그리고 복잡하게 차려진다. 사나흘에 걸쳐 가족과
지인들이 내가 이승을 떠나는 길에 인사를 한다. 더러는
하얀 국화 말고 빨간 꽃들도 올린다. 죽기 전에, 가는 자
와 남는 자의 인간관계를 정리한다고 애썼건만 그래도
남은 자 중 누구는 함께 나눈 추억 때문에 울기도 한다.

예로부터 우리나라의 관혼상제(冠婚喪祭)는 나름의 질
서와 법도를 가지고 거행되었다. 생애 발달에 따라 이뤄
진다고 해서 생애의례라고도 불리는 관혼상제는 그 과

정 하나하나에 고유한 상징성과 상징물이 있다. 지금의 성인식에 해당하는 관례는 상투를 조이고 망건을 씌워주며 성인이 됨을 축하해주었다(여성에겐 이 과정이 없었다). 혼례는 특히 풍속이 많이 바뀌어 이젠 연지곤지와 사모관대 대신 하얀 웨딩드레스가 아주 중요한 상징물이 되어버렸지만 혼례를 통해 종족의 번성이 약속되었다.

주검을 정리하는 상례(喪禮)는 그나마 전통적 풍속이 다소 남아 있다. 하얀색과 검은색으로 상징되는 의복을 입고, '상을 주관할 자격'이 부여된 일부 가족이 주검을 태우거나 매장한다. 육신은 녹아버려 사라진 것처럼 보이지만 영혼은 살아 있는 것으로 믿는다. 세상을 떠났지만, 실상은 살아서 하늘나라로 갔다고 말하기도 하고 때로는 새 생명에 얹혀 다시 태어난다고도 한다.

'죽음의례'라고 일컬어지는 그런 상례를 거치면서 우리는 가는 자에 대한 이야기를 나누고 그를 옆에서 만질 수 없음에 슬퍼한다. 때로는 아주 큰 상실감을 가지기도 하고, 특히 갑작스런 죽음에서는 비탄에 빠지기도 한다. 상이 치러지는 그 며칠은 가는 자의 넋을 애도하지만 그것도 잠시일 뿐, 살아남은 사람들은 다시 바쁘고 분주한 일상으로 돌아가야 한다. 그래서 상례가 자꾸 간소화되고 상징성도 줄어든다.

살아 있는 우리는 노파심에서 술도 올리고 국화꽃도

올리고 하건만 실제 죽음을 준비하는 늙은이들에겐 조용히 돌아갈 마음의 준비를 잘하는 것이 대단히 중요한 일이다. 숨을 거두는 순간부터 죽음의 의례를 다 마치는 그 과정을 통해, 남는 자들은 더 행복한 삶을 살 수 있는 지혜를 하나 더 얻었으면 한다. 지난 주 친구의 빈소에 문상하면서 나는 다시 새로운 배움을 얻었다.

묘지와 화장장 방문

많은 가족들이 벌초(伐草)와 성묘(省墓)를 다녀왔을 것이다. 주검을 매장하고 봉분을 만들어 돌아가신 이를 기리는 풍습은 우리네의 독특한 장묘문화이다. 많은 봉분들로 가득 찬 공원묘지는 외국인들에게는 매우 낯선 풍경이다. 그러나 장묘문화도 묘지로 사용할 국토가 부족하여 화장(火葬)한 후 유골을 납골당이라 불리는 곳에 보관하거나 땅 속에 묻는 문화로 변하고 있다. 묻힐 묘지가 마련되어 있지 않은 사람은 이제 불가피하게 '화장'을 선택할 수밖에 없는데, 이때는 유골을 어디(납골당, 봉안묘, 수목장 등)에 안치할 것인지도 생각해서 자손에게 일러주어야 한다.

죽음학 수업에서 가장 먼저 방문하는 장소가 묘지와 화장막이다. 특히 가까운 분의 장례를 지켜본 적이 있는 경우, 죽음은 막연하지 않고 실체로 경험된다. 그래서 나는 가급적 폐가 안 되는 상황에서는 아이들을 장례나 벌초 시 데리고 다녔다. 나와 유전학적으로 가장 많이 닮은 어른이 돌아가셨지만 거기 (여전히) 계시고, 가끔 이렇게 뵈러 온다는 그 세대 연속성이 생생하게 학습되는 곳이 이 장소이기 때문이다. 어린아이들은 봉분을 타고 올라가 놀기도 하고, 청소년 시기에는 무서움을 느끼기도 하지만, 사람이란 이런 것이구나, 나도 언젠가 이런 모습으로 사라지겠구나, 하는 감정은 자신을 한 단계 더 성숙하게 만드는 계기가 될 수도 있다.

나 역시 화장막에서의 첫 경험은 대단히 충격적이었다. 동생은 죽었지만 그녀의 주검은 여전히 나에게 친근하게 옆에 있었다. 그러나 그녀의 주검이 담긴 관이 불구덩이 속으로 빨려 들어가는 그 몇 초가 지나고, 우리는 말없이 그녀를 기다리고 있었는데, 이후 등장한 하얀 뼈들은 동생이란 존재를 영원 속으로 보내야 한다는 결심을 하게 할 만큼 충격적이었다. 이후 나는 청소년기를 지난 아이들에게도 부모의 현존과 사라짐의 경계를 확실히 알려주기 위한 방안으로, 장례의 모든 절차에 동행하기를 권하고 있다.

장례(葬禮)는 문화와 종교에 따라 그 의례 형식이 다소 다르다. 나는 기본적으로 장례는 죽은 자를 애도하면서 잘 보내려는 남은 자들의 예의(禮儀)이고, 그 애도 과정 동안 남은 자들이 받는 위로(慰勞)의 시간이라고 본다. 이 때문에 형식 그 자체를 중요하게 생각하지는 않는다. 나는 문상을 가서, 유족의 특성에 따라 향을 붙이기도 하고, 절을 하기도 하고, 헌화하기도 한다. 특히 장례는 비일상적인 일이므로 유족의 입장에서도 그 절차를

다 알고 있을 수는 없다. 장례전문가(장례지도사)가 있기에 그들과 상담해 적절한 형식을 구성하면 된다. 장례가 가진 영향 중 하나가 고인(故人)을 보내면서 남은 가족들이 새로이 연결되고 결속이 강화되는 것이다. 그러나 애석하게도 우리는 부모 사후에 오히려 자녀들이 뿔뿔이 흩어지는 경우를 많이 본다. 장례를 치른다는 그 과정은 흔하지 않게 우리에게 생(生)과 사(死)를 동시에 생각하도록 하고, '인생이란 무엇인가'에 대한 주관적 답이라도 찾아보게끔 한다. 부모 사후, 비로소 내가 여기 왜 있는가를 알게 되었다는 말들도 같은 의미이리라.

떠나는 사람의 장례계획

P교수는 69세에 ○○암 진단을 받고 5년 후에 돌아가셨다. 그분의 따님을 통해 전해들은 이야기는 이렇다. 진단 확정 뒤 P 교수는 '수술 후 자신의 여명(餘命, 남은 생명)'과 '지금 이 상태에서 얼마나 살 수 있는가'를 타진한 뒤 수술하지 않기로 결심하고 가족에게 의사를 전했다. 애석해하는 가족들에게 그는 몇 년 더 사는 것이 중요한 게 아니고 내가 지금 이렇게 정신이 있을 때 내 삶을 정리하는 것이 더 중요하다고 단호히 말씀하셨다고 한다.

그다음 P 교수는 자신의 주변(자신의 방, 책상에 있던 여러 물건 등과 법적 조치들)을 정리하면서 묘지를 보러 다녔다. 물론 가족들에게 장례절차, 부고(訃告)를 전해야 할 이들의 명단과 연락처도 직접 일러주었다. 당신께서 직접 장례식장을 방문해 관과 수의 등도 주문해두고, 심지어 주검 정돈과 입관 등을 맡아 하는 장례지도사까지 만나 '허허' 웃으시면서 '잘 부탁하오'라는 인사도 하셨다고 한다. 정말 처음 들을 때는 눈물이 나는 이야기였지만, 지금 다시 생각해보니 그분은 기꺼이 자신의 마지막을 헤아려보면서 준비하신 분으로, 존경의 마음을 금할 수가 없다.

당연히 닥치는 일인데도 우리는 그 일이 나의 일이라고는 잘 생각하지 못한다. 그러나 P 교수의 사례를 듣고 보니 내가 어디에서 어떻게 마감을 해야 하는지, 그 전에 무엇을 챙겨두어야 하는지를 정신이 온전할 때 챙겨서, 가족들에게 일러두는 것이 중요하다고 생각된다. 아마 누군가는 '자식들이 다 해주겠지…'라고 하겠지만, 나는 그렇게 미루어두는 것보다는 스스로 임종을 바라보고 주변의 일을 챙기면서 일러두는 것이 더 현명하다고 생각한다.

그러나 이런 일들 외에, 장례계획에서 더 중요한 것은 '나의 떠남을 가족들이 어떻게 받아들이는가'에 대해 배려하는 것이다. 물론 죽음을 준비하는 분에 대한 '가족들의 배려'도 중요하겠지만, 나는 장례 계획을 남는 자의 관점보다는 가는 자의 관점에서 적기 때문에 떠나는 사람의 정리(情理)를 더 보고자 한다.

P 교수는 남은 5년 정도의 시간을 참 바쁘게 보냈다. 병원에 다니면서도 중간중간에 친구들, 먼 친척들을 만나러 다녔다. 자녀들과도 수차례 식사를 하면서 '지금 보니 이런저런 생각이 드는구나'라는 말과 함께 정말 죽음을 앞에 둔 처지가 아니면 수많은 이해관계와 이기심 때문에 바로 보지 못했던 것들을 자녀들에게 들려주었다.

담담히 병고를 받아들이고, 스스로 생을 마감하는 입장에서 들려주는 말은 정말 자녀들에게 감동을 주었다. "절대 싸우지 마라. 누구든 먼저 깨치는 자가 양보하고 화목해라. 인생은 바라다보면 대단한 것 같지만 지금 굽어보니 별것이 아닌 것 같구나. 그러니 욕심내지 말고, 하고 싶은 일 하면서 행복하게 살아야 한다"

　자녀들에게 인생의 정수(精髓)를 빈 마음으로 순수하게 전해준 그분의 마지막 장례 계획은 너무 멋있었다. 우물쭈물하다가 어찌 이 지경이 되었는가가 아닌, 그 수준에 도달하지 못하면 도저히 알 수 없었던 것을 깨치고 그걸 일러주는 것이 진정 죽음 준비 아니겠는가?

나의 묘비명 적기

　　　　　　　　'나의 묘비명(墓碑銘) 적기'는
'죽음준비교육'에서 반드시 활동해보는 주제이다. 우리
네 풍습은 묘비에 성함, 생존 기간, 자녀 이름 등을 적는
것이 보통이지만 달리 생각해보면 '고인(故人)을 잘 표현
하는 말' 혹은 자손들이 찾아올 때마다 '꼭 새겨들어야
할 말을 짤막하게 적어, 새기고 또 새기도록 하는 것'도
매우 유익한 교육일 것 같다.

　만일 나의 묘비에 뭔가를 남기고 싶다면 어떤 말을 남
길지 생각해보자. 걸레스님으로 유명한 중광스님은 자신
의 삶을 이렇게 표현했다. '에이! 괜히 왔다 간다.' 이 묘
비명은 듣는 이들에게 쓸쓸한 마음을 전해준다. 유쾌한
묘비명으로 곧잘 인용되는 글이 조지 버나드 쇼의 '될 때
까지 버티다 내 이리 될 줄 알았지'이다. 하지만 이것도
슬프긴 매한가지다. 다 죽는 몸이니 적당히 사이좋게 살
라는 의미로 나는 읽었다. 대문호 스탕달의 '왔다, 썼다,
사랑했다'도 간결하면서 그가 무엇을 한 사람인지를 잘
표현해주고 있다.

　자신의 삶을 한 문장으로 표현하기는 다소 어려워, 노
년기 '죽음준비교육'에서는 '내가 묘비에 적어서라도 자

식들에게 꼭 하고 싶은 말이 있다면 무엇일가요'라는 과제로 질문을 던진다. 그러면 어르신들께서는 '할 말이 많지' 하신다. 그 많은 말을 다 적을 수가 없으니 간추려서 꼭 이 말만은 자식들이 새겨듣든지 내가 말하고 싶은 그런 말을 해보시라 하면 대개 이런 말을 하신다. '형제간에 사이좋게 지내라', '인생은 짧다. 열심히 살아라', '재미나게 살라', '나를 잊지 마오'(내가 만나본 많은 어르신 중 '부자 되어라'를 말씀하신 분은 아무도 안 계셨다. 우리가 그걸 좇는 것처럼 살아왔지만, 사실 그건 진심이 아니었다는 의미로 해석해본다).

그런 묘비명을 적어달라고 부탁할 때에는, 어떤 연유에서 그것이 인생에서 제일 중요하다고 생각하게 되었는지 서로 이야기하게 한다. 그러면 그 이야기들 속에는 우리의 온갖 삶이 가진 후회, 그렇게 살지 못했던 아쉬움 등이 표현되고, 인생의 진리가 새삼 도출된다. 이야기를 나누는 과정에서 참여자들은 새로운 결심을 하게 된다. 이런 묘비명을 적으려면 먼저 내가 그렇게 살아야 하는구나, 그럼 지금부터라도 나는 어떻게 살아야 하지? 다 산 게 아니었구나, 아직 할 일이 많구나 등.

지금 이 글을 읽는 많은 이들도 당장 '나의 묘비명'을 적어보길 권한다. 나의 묘비명을 예쁘게 만들어 어디든 (비석 혹은 납골당 등에) 두어달라고 부탁해도 되고, 자식들

이 간직할 수 있도록 작은 공예품으로 만들어 유품으로
전해주어도 좋을 것이다. 해마다 적고 또 적고 하다 보면
분명 그 묘비명은 수정될 것이고, 마지막엔 정말 나의 평
생이 '한 마디'로 축약될 것이다. 그게 곧 내가 아닐까?

가족 장례식

　　　　　신문에 연재된 '죽음에서 배운
다' 칼럼을 보고 수소문하여 나에게 전화를 해주는 분이
더러 있다. 대체로 '나의 죽음에 대해 한 번도 생각해본
적이 없는데, 선생님의 글을 보면서 나에게도 아직 못한
숙제가 있다는 걸 알았다. 정말 공부 잘하고 있다'는 말
들이다. 더러는 가족의 갑작스런 죽음 끝에 닥친 여러 가
지 복잡한 심정을 이야기하시는 분도 있다. 애도 상담이
필요한 분에게는 전문상담사를 연결해주기도 한다.
　최근 미국에 사는 한 여성에게서 전화를 받았다. 미국
에 살던 오빠가 갑작스럽게 돌아가셔서 화장을 했는데,
그 유골의 반은 미국에 두고 나머지 반은 한국에 가져가
고 싶은데, 유골을 나누는 그런 일을 해도 되는가? 라는
질문이었다. 오빠는 죽기 전에 자기를 미국에 묻어달라
고 했지만 한국에 계시는 부모님이 유골이라도 보고 싶
어 한다는 이야기였다. 한국에서 오빠의 유골을 놓고 장
례식과 같은 의식(儀式)을 치르고 싶다는 말도 덧붙였다.
오빠의 유언과 실의에 빠진 부모 마음을 두루 살필 만큼
따뜻한 마음이 느껴졌다. 운전 중이라 길가에 차를 멈추
고 그녀와 더 많은 이야기를 나누었다.

30대 초반의 여성이 주검의 처리에 대해 뭘 알겠는가? 나도 그 나이에 그런 큰 사건을 만났더라면 아무것도 몰랐을 것이다. 나는 유골을 나누는 게 왜 걱정이 되느냐고 물었다. 그녀는 오빠의 몸을 두 조각 내는 것 같아 조심스럽다고 했다. 이에 대해 나는 "오빠의 유골은 시신을 화장하고 남은 뼛조각을 모아서 이미 부순 것이므로 그런 걱정은 안 해도 될 것 같다"고 조언했다. 부모님의 요청으로 미국에서 유골을 반만 처리하고 반은 가지고 있는 것은 아주 잘한 일이라고 해주었다. 죽은 사람의 유골로 '추모 목걸이(일명 유골 다이아몬드)'도 만드는 세상이다. 그 유골을 고인의 뜻에 따라 화장하면서 미리 의논을 한 상태는 아니지만, 늦게나마 부모님께 육신의 일부를 잘 전달하는 것은 아주 아름다운 모습이라고 나는 생각한다 하니, 그녀는 마음이 편해진다 하였다.

그다음 그녀는 한국에 가지고 온 그 유골로 가족만의 장례를 다시 치르고 싶다고 하였다. 한국에는 한국 전통에 걸맞은 장례 풍습이 있겠지만, 그 형식이 중요한 것이 아니고 우리가 그 형식을 따르면서 강조해야 되는 가치, 즉 죽은 자를 보내면서 그 죽음을 통해 산 자들이 새로이 거듭나는, 조화로운 인간이 되는 화합의 가치가 더 중요하지 않겠느냐고 이야기하였다.

나는 그녀의 가족환경이나 종교, 철학 등에 대해서는

그 짧은 통화로 알 수가 없어 그 가족만의 형식을 만들어볼 것을 권했다. 나만의 독특한 의례 등이 결혼식에서도 만들어지고 있듯이 우리 가족만의 프로그램으로 고인을 추모하는 시간을 가지는 것도 괜찮다고 하면서 아무 걱정 말고 하고 싶은 대로 하라고 말했다. 오빠가 좋아하던 음악을 배경으로 가족들이 모여 오빠 이야기를 하고, 그에게 보내는 마지막 인사를 나누는 형식 정도면 어떨까 말해주었다. 장소, 시간에 따라 다소 다를 수는 있겠지만 결국 그 의례에는 추모와 사랑, 그리고 산 자들의 화합이 있으면 되는 것이다.

몸이 사라지다

이 글을 쓰기 위해 부산의 유일한 화장장인 '부산영락공원'을 최근에 다시 가보았다. 겨울의 을씨년스러운 날씨와 함께 무거운 기운이 공원 전체를 감싸고 있었다. 예로부터 우리나라는 매장(埋葬) 문화가 주류를 이루었으나 토지로 사용 가능한 땅이 절대 부족해지면서 묘지 개발이 어려워, 최근 들어 국가가 장묘문화 자체를 매장에서 화장으로 바꾸려고 노력하고 있다. 많은 지자체가 국가 지원으로 신공법의 화장장을 세우고, 이장사업 등을 대리해주면서 화장 문화는 더욱 확산되었다. 최근에 와서는 매장 대 화장 비율이 3 : 7 정도로 화장이 증가하고 있으며 유골을 모실 봉안시설(납골당)도 함께 증가하고 있는 실정이다. 부산영락공원에는 총 15개의 화장로가 있으며, 1일 평균 55~75구 정도를 화장하고 있다.

유족대기실에 앉아 들어가는 관과 오열하는 유족 그리고 점화 순간들을 바라보았다. 슬픔과 엄숙함 그리고 인생무상이 느껴지는 장소였다. 내 생애 첫 화장장 방문은 38년 전, 그러니까 스물여덟 살 때 막내 여동생의 죽음을 경험하면서였다. 동생의 시신이 담긴 작은 관이 기

다란 철책 속으로 들어가고, 이내 펑 하고 불붙는 소리
가 들렸다. 나는 너무나 놀라 울지도 못하고, 남편의 팔
을 꼭 잡은 채 그 벌건 불을 바라만 보았다. 속으론 '잘
가, 잘 가… 다음 세상에서는 건강한 몸으로 태어나 다
시 만나…' 같은 말만 반복하였던 것 같다. 그 전에 조부
모님이나 시아버지의 죽음을 보았지만 다 매장한 탓에
실제 화장터 방문은 처음이었다.

　우리는 몸, 마음 그리고 영혼을 가지고 있다. 육신의
몸은 시간이 가면 노화하고 병이 들면서 사라져간다. 그
사라져가는 모습이 사람마다 달라, 태어난 몸으로 100
년을 사는 사람이 있는가 하면 30년밖에 못 사는 사람도
있다. 수명은 하늘이 주신 것이라고 하지만, 타고난 수명
을 모르는 것이 사람이다. 나쁜 것을 최대한 멀리하면서
그저 감사하는 마음으로 살아갈 수밖에 없다. 애석하게
죽은 사람 앞에서는 "명이 짧구나"라는 말로 위로하면
서. 그러고도 몸을 함부로 쓰고, 나쁜 줄 알면서도 과음
하고 흡연하는 것 또한 인생의 한 모습이다.

　실존하는 몸은 사라져가지만 나의 정신, 나의 영혼은
그대로 자식을 위시하여 내가 만난 많은 사람들에게 남
겨진다. 실제 몸을 이루는 유전자가 자식을 통해 전달되
기 때문에 나 역시 완전히 죽었다고도 볼 수 없다. 모습
만 달라졌을 뿐 여전히 살아 있는 것이다.

화장장에서 불태워지는 어느 몸을 보면서, 몸은 사라져버리지만 그대로 남아 떠돌고 있을 그분의 마음과 여전히 남아 있을 영혼에 대해 생각해보았다. 누가 나의 영혼을 받아 안고 갈까? 내가 죽으면, 영롱한 히말라야에서뿐만 아니라, 내가 잘 다녔던 먼지 뽀얀 부산 서면 어딘가에서도 나의 정신과 영혼은 '다른 그대'를 통해 여전히 살아갈 것이다.

공동묘지에서 나를 찾다[*]

　　　　　　　하야사키 교수의 '죽음학' 수업
에서 가장 먼저 나가는 과제가 '공동묘지 방문'이다. 공
동묘지는 죽은 사람들이 묻혀 있는 장소로, 특히 한국의
공동묘지는 우리가 외국여행에서 가끔 접하는 공동묘지
들보다는 훨씬 '죽음과 삶의 간극을 느끼게 해주는 현실
적 공간미'를 가지고 있다. 부산의 경우 지하철 1호선 끝
자락에 있는 범어사역 인근에 시립공원묘지인 '부산영락
공원'이 있다. 내가 보기에 가장 한국의 묘지다운 분위기
를 주고 교통이 편리하기에 나는 그곳을 학생들에게 자
주 권한다.

　어르신들은 생활 속에서 장례식장과 화장장, 추모공
원, 공동묘지를 방문할 기회가 많았을 것이다. 그러나 젊
은이들은 특별히 조부모 세대의 장례에 참여해보지 않았
다면 추모공원이나 공동묘지에 가본 경험이 거의 없을
수도 있다. 명절 때 벌초를 하기 위해 공동묘지를 방문한
학생은 더러 보았다. 그런데도 부모와 함께 묘지에 대한
이야기를 나눈 경험이 있는 학생은 생각보다 적었다. 거
의 없었다고 해도 과언이 아닐 정도다.

　하지만 공동묘지에 가서 무엇을 보았으며 어떤 생각을

했는가를 묻는 질문에 학생들은 다양한 소감을 쏟아낸다. "무서웠다"는 가장 원초적인 공포감을 표현하는 것부터 시작해서, "결국은 나도 저렇게 흙으로 돌아간다", "벌레들의 밥이 된다는 사실을 뼈저리게 다시 알았다", "그렇다면 나는 지금 어떻게 살아야 할 것인가?" 등이다.

갑자기 진지해진 학생들이 던지는 의문도 상당하다. 사람이 죽을 때 육신은 어떻게 될까. 몸의 모든 기관이 일시에 정지해버리는 것이 아니라면 과연 어디부터 죽어가는 것일까. 나만의 특별한 묘비나 묘지를 만들어두고 갈 수는 없을까. 외국의 경우 비석이나 석조관이 제각각인데, 한국은 왜 동그란 봉분만 있는 것일까. 비석에 쓸 글을 내가 미리 적어두고 갈 수는 없는가.

그런 생각과 질문을 통해, 학생들은 '사람이 죽어가는 과정'에 관심을 가진다. 역으로 말하면 사람이 살아가는 과정에 대한 관심이기도 하다. 내가 젊은 학생들에게 이 과제를 내준 가장 큰 이유가 바로 죽음의 현장을 직시하면서 '지금의 나를 성찰해보라'는 것인데, 그런 의도에 맞게 대부분의 학생들은 이 과제를 통해 '지금의 자신'을 보고 있었다.

사람은 누구나 피할 수 없는 죽음의 날카로운 칼끝 아래 살아가고 있다. 그렇게 날카롭고 뾰족한 자극이 '행복'이라는 가장 둥근 감정을 재생산해낸다. 이 글을 읽는 사람 모두에게 다시 한 번 공동묘지나 납골당을 방문해보길 권하고 싶다. 언젠가는 자신이 돌아갈 그곳을 바라보면서 그 준비를 어찌해야 할 것인지 생각해보길 권하고 싶다.

* 에리카 하야사키(이은주 옮김), 『죽음학 수업』, 청림출판, 2014.

호상(好喪)

　　　　　　복(福)을 누리면서 오래 살았
고, 돌아가실 즈음에 크게 고생하지 않았다면 우리는 이
를 좋은 죽음 즉, 호상이라고 한다. 유족들 마음이야 슬
픈 이별일 수도 있겠지만 상대적으로 '이 세상에서 잘 사
시다, 이제 가시네요'라는 마음이 들 땐 문상을 가도 덜
슬프다.

　지인의 어머니께서 며칠 전 돌아가셨다. 문상을 다니
다 보면 유족의 마음을 헤아려 슬픈 표정으로 빈소에 들
어서기도 하지만 이 어머님의 소식을 듣고는 '어쩜 그
리 복을 누리다 가셨나?'라는 생각에 그분의 다음 행로
에 관심이 가면서 애써 슬픈 표정을 짓지 못하였다. 상주
도 웃으면서 나를 맞이하였고 영정사진을 바라보는 순
간 나는 입술을 당기며 웃고 말았다. 어느 공원의 꽃잔치
에 놀러 가 환하게 웃으며 찍은 사진으로, 누구나 다 미
소를 지을 수밖에 없는 그런 사진이었다. 역시, 참 현명
하신 어른이셔. 마지막까지 웃고 보내달라고 하시네, 라
는 생각이 들었다.

　살아온 인생이 쭉 뻗친 일(一) 자로 상징되는 사람은
거의 없을 것이다. 누구에게나 인생은 구불구불한 기쁨

과 슬픔, 때로는 불행한 일들이 덧씌워져 있을 것이다. 85세의 초고령 노인들을 대상으로 자신의 인생에 점수를 매겨보라고 했다. '나는 잘 살았다, 나는 잘못 살았다' 사이를 10점 간격으로 벌려놓고 숫자로 매겨보는 것이다. 그런 다음 인생을 몇 단계로 나누어, 각 단계의 행복 정도를 역시 점수로 표시하라고 하였다. 이 활동이 주는 메세지는 간단히 말하면 '인생 후반(특히 노년기)의 삶이 행복할수록 자신이 평생을 잘 살았다'고 느낀다는 것이다. 젊은 시절의 고생을 딛고 노후에 자족하는 삶을 일구었다면 그게 가장 이상적이지 않겠는가?

노인들과 집단활동을 하면서 만나는 질문 중에, '당신의 마지막 소원은 무엇입니까?'라는 것이 있다. 노인들의 여러 대답 중 가장 많은 것이 '잘(편안하게, 존엄하게) 죽는 것'이다. 즉 '9988234'이다. 99세까지 88하게 살다가 2, 3일만 누웠다가 죽는 것(4)이다. 잘 죽는 것도 복 중의 복이라고들 하지만, 인생의 마지막 과업인 죽음도 내가 얼마나 잘 준비하느냐에 따라 얼마든지 잘 죽을 수 있다.

호상의 주인공들은 대체로 연령이 높다. 평균수명 이상으로 아주 건강하게 자신을 관리한 것이다. 그리고 그들 주변에는 늘 함께한 자식이 있다. 늙으면 언젠가는 스스로 일상생활을 수행하지 못한다. 돌봄이 필요하다. 전문병원에 간다 하더라도 위로도 필요하고 추억을 나눌 사람도 필요하다.

　그리고 내가 만난 호상의 주인공은 한결같이 마음이 넉넉한 분이셨다. 늙으면 고집도 세지고 융통성도 줄어들고 때로는 괴팍해지기도 한다. 그럼에도 불구하고 배려심이 넓고 인자하고 무엇이든 나누어 주는 어른의 마음은 본인의 건강에도 유익하지만 더 훌륭한 점은 주변을 교화시킨다는 것이다. 그런 풍성함은 본인에게도 행복감을 주지만 돌보는 주위 사람들을 지치지 않게 한다. 예쁜 노인이 되어, 예쁘게 죽음을 맞이하고 싶다.

나는 죽었습니다

　　　　　　죽은 몸을 시신(屍身)이라 한
다. 죽음 공부를 하면서 나는 죽음의 끝에 등장하는 '죽
어버린 몸'은 그다음 어떻게 되는지 궁금했다. 그래서 실
제로 싸나톨로지스트(Thanatologist, 죽음교육전문가) 중에
는 장례지도사 공부를 하는 사람도 있다. 병원에서 마지
막 숨을 거두고 그것이 뇌파 정지곡선으로 나타나고 하
는 것들은 익히 보아온 그림들이다. 의사의 마지막 전언
인 "작고하셨습니다" 같은 말이 유가족들에게 전달되면
서 죽은 자의 몸은 하얀 천으로 덮여 안치실로 옮겨진다.
　죽음의 선고가 내려지기 직전 어떤 사람의 몸은 새로
운 생명을 구하기 위해 분해되기도 한다. 눈, 심장, 간 등
주요 부위는 10여 명을 살리기도 한다고 한다. 자신의
몸으로 이 같은 귀한 일을 하고 가시는 분은 끝까지 그
생명의 의미가 높아 부럽다. 장기기증도 내가 하고 싶다
고 다 할 수 있는 것은 아니다. 안치실에서는 장례지도사
가 시신을 돌본다. 훼손된 신체는 최대한 복원(?)하고, 얼
굴을 매만져준다. 외국에서는 화장까지 하곤 하지만 아
직 우리 문화에서는 생소하다. 눈도 감기고 턱을 받쳐 입
도 다물게 만들고 몸은 단정하게 묶고 적절한 의상을 입

힌다. 유가족들은 이렇게 완성된 모습을 입관 전에 만난다. 그리고 그 주검은 매장 혹은 화장으로 사라진다.

최근 주검, 즉 시신을 처리하는 일에 종사하는 젊은 남성의 글을 읽었다.* 교통사고로 찢어진 몸과 자살로 부패한 주검, 물에서 건져낸 시신… 그런 주검을 간추려서 단장하는 일에 종사하는 저자는 죽은 몸을 다루는 일보다 더 슬픈 것은 그 시신에서 흘러나온 부패물질과 그것들을 치우는 일(일명 '특수청소')이라고 했다. 죽음, 그 단어만으로도 우리는 숙연함을 느낄 수 있지만 처참한 주검 앞에서는 더욱 고뇌하면서 '어떻게 살고 어떻게 죽을 것인가'가 중요한 일상의 화두가 된다고 하였다. 어떻게 죽을 것인가는 실상은 지금 어떻게 살 것인가의 문제이다.

이분의 글을 읽기 전까지 나도 나의 죽어버린 몸뚱이에 대해 깊이 생각해본 적이 없었다. 내가 죽어버리면 자녀들이 슬퍼하며 나를 쳐다보고 있겠지. 행여나 못된 병에 걸려 죽어버리면 냄새나는 나를 쳐다보지도 않겠지. 마지막 만남은 입관 전에 수의를 입은 나의 모습으로 이루어지겠지. 어떤 수의를 준비해두어야 하나… 그 정도였다. 그러나 이 책을 다 읽고 나서 나는 가만히 누워 내 몸의 구석구석에 나의 의식(意識)을 보내보았다. 머리부터 발끝까지, 그리고 겨드랑이에서 사타구니까지, 몸 구석구석을 의식하면서 각각의 귀한 기능에 새삼 고마움을 느꼈다. 감사의 기도를 올린 것은 물론이다.

하지만 세월이 가면 내 몸 곳곳에서 아픈 부위가 드러날 것이다. 아파야 죽음에 다다를 수 있으니 그 아픔들을 그대로 받아들여야 하고, 죽음과 마주한 어느 날 나의 주검, 나의 흔적을 나는 영혼으로 만날 것이다.

이 글을 쓰는 나의 책상 옆에서 나를 닮은 7개월짜리 손녀가 보행기를 타고 왔다 갔다 한다. 삶의 유한성과 순회에 감사하며 주검을 관리하는 일에 종사하고 계시는 분들에게 입맞춤의 손짓을 보내고 싶다.

* 특소대장(이윤경 옮김), 『천국으로의 이사』, 인빅투스, 2015.

죽은 뒤 가는 세상

        베르베르의 장편소설 『타나토
노트』*는 이 세상에서 저세상(저승, 천국, 극락이라고 불리
는)까지 가는 길을 탐사하는 공상소설이다. 작가는 사후
세계가 궁금해 거기로 가는 길을 의과학적 방법을 동원
하여 상상한 다음, 우리의 의식이 신체를 이탈하여(유체
이탈) 다녀온 영계(靈溪) 세상을 단계별로 흥미진진하게
묘사하고 있다. 그러나 결국 마지막 터널을 통과한 사람
이 돌아오지 않았기 때문에 작가는 '저세상인 천국이 어
떻게 생겼고 누가 살고 있는가'는 미지로 남겨두었다.

  죽음을 체험했다고? 임사(臨死)체험이라고 불리는 죽
음 체험 책도 있다. 칼 베커는 『죽음의 체험』**에서, 죽기
직전에 보았던 것이나 죽음에 이르렀다 깨어난 이들의
체험을 우리에게 전달하고 있다. 의사 이븐 알렉산더는
『나는 천국을 보았다』***에서 죽음의 문턱에서 깨어난
자신의 체험을 상세히 기술했다. 뇌에 손상을 입고 혼수
상태에 빠졌다가 7일 만에 다시 깨어나는 과정에서 본,
다른 세상을 기록하였다. 비록 뇌사 상태에 빠졌지만 의
식은 살아 있었기 때문에 가능했던 일이라고 했다.

  대부분의 사람들은 죽음에 대한 두려움 혹은 불안을

가지고 있다. 사랑하는 사람을 두고 나 혼자, 나도 모르는 곳으로 간다는 것 자체가 받아들이기 힘든 감정이다. 또 죽어서 간다는 세상이 천국만 있는 것이 아니고 지옥도 있다 하니, 실제 큰 죄는 아니더라도 소소한 죄를 짓고 사는 우리로서는 내가 반드시 천국 간다는 확신도 없는데 불기둥이 솟아오르고 아비규환의 소리가 들린다는 지옥에 떨어질 수도 있다는 것이 정말 무섭기조차 하다. 그리하여 인간은 죽는 것을 겁내고 죽은 뒤의 세상에 대해 알고 싶어 하지 않는다. 스베덴보리의『위대한 선물』****에 의하면 우리가 죽으면 가는 저세상엔 3개의 지옥, 3단계의 중간 영계, 또 3개의 천국이 있다고 하니, 우리는 이 아홉 군데 어딘가에는 분명히 가는 것 같다.

누구나 천국 혹은 극락(極樂, 불교에서 말하는 아미타불이 살고 계신다는 이상향으로, 죽어야만 갈 수 있는 곳이라 한다)에 가고 싶어 할 것이다. 그러나 다 천국(극락)에 갈 수 있는 것은 아니라는 것도 잘 안다. 불교에서는 '아미타불을 염불하는 사람'만 구제한다고 하고, 천국은 '구원의 확신을 가진 사람'만 들여보낸다고 한다. 그러나 동서고금 어디에서나 통용되는 가장 믿을 만한 천국에 들어갈 수 있는 법정 화폐는 '사랑'과 '자비'라고 한다. 사랑과 자비가 넉넉하지 못한 사람은 천국과 극락에 갈 수도 없고 거기서 살 수도 없다고 한다.

지금 사는 세상에서 잘 살아야 죽은 뒤에 좋은 곳으로 갈 수 있다는 것을 알려주는 삶의 방향타가 바로 '사랑'과 '자비'다. 가상세계이든 실제 존재하는 곳이든 사후 세상 역시 지금의 삶과 연결된 곳이라는 것은 확실하다.

* 베르나르 베르베르(이세욱 옮김),『타나토노트』, 열린책들, 2000.
** 칼 베커(이원호 옮김),『죽음의 체험』, 생각하는백성, 2007.
*** 이븐 알렉산더(고미라 옮김),『나는 천국을 보았다』, 김영사, 2013.
**** 스베덴보리(스베덴보리연구회 옮김),『위대한 선물』, 다산초당, 2009.

전생(全生)을 읽는 여자

'전생(全生, a former life)'이란 단어 속에는 '삶은 결코 일회성이 아니라 되풀이되고 있다'는 의미가 들어 있다. 우리의 육체는 죽어 사라지더라도 영혼은 (다른 사람의 몸에서) 다시 태어난다는 것으로, '윤회(輪廻, reincarnation)'란 말과 같은 의미를 가진다.

전생, 윤회는 과학적으로는 증명되고 있지는 않지만, 이미 종교적 세계관의 원형으로 그 현상이 존재한다는 것을 일부 연구에서는 결코 부인하지 않는다. 개인적으로 나 역시, 나의 여러 전생이 궁금하기도 하다. 이 세상에서 '인연이다, 운명이다'라고 표현되는 것들(왜 이 배우자를 만났을까? 왜 이 아이가 내 자식으로 태어났을까? 왜 그 사람은 나와 악연을 가지고 있는가, 이 일을 왜 내가 하게 되고 말았는가? 등)이 때로는 궁금하기도 하지만, 이미 다 맺어진 인연들이라 현세에 충실하면서 산다. 좋은 인연은 좋은 대로 또 만나질 것이고, 나쁜 인연은 피해지도록 최선을 다하면서, 그 자체에 깊이 들어가지는 않는다.

다른 사람의 전생을 볼 수 있는 특이한 능력을 지닌 여성에 대한 글을 최근에 읽었다. 박진여의 『당신, 전생에서 읽어드립니다』이다. 내담자를 만나, 이름과 연령

외에 다른 정보 없이 그녀는 깊은 명상에 잠기면서 자신의 영적 주파수와 내담자의 영적 주파수를 맞추어 내담자가 가진 삶의 파동 전체를 한꺼번에 본다(마치 우리가 보는 영화의 화면이 빠르게 지나가는 현상 정도로 이해하라고 말한다). 이때 그녀는 내담자의 육체적, 정신적, 영적 영역을 통째로 포착해 그 사람의 전생과 현생의 상호작용을 찾아낸다.

그녀에 의하면, 인간은 영육의 온전성(integrity)을 지녀야 하는데, 사람에 따라 그 온전성이 균형을 잃고 있는 부분이 있다고 한다. '카르마(karma, 業, 선악의 소행)의 법칙'에서도 어느 한 생(生)은 여러 전생과의 상호작용 결과라고 설명하고 있다. 즉, 지금 꼬여 있는 나의 인생에서 어떤 문제는 그 문제에 접근하는 (이미 전생에서 저지른 소행의 흔적이 있는) 나의 무의식과 상호작용한 결과라는 것이다.

> 저는 눈을 감고 호흡을 조절하며 내담자의 깊은 무의식 속으로 들어갑니다. (…) 무의식의 심층에 저장되어 있는 영적 정보들을 찾아내는 저의 영안(靈眼)을 활용합니다. (…) 내담자의 기억을 포함한 일체의 정보와 내담자의 전생을 동시에 보면서 그 내담자의 현재의 문제와 연결된 전생의 장면들을 파악합니다. 이

모든 것은 단숨에 이루어지며, 그 장면들을 조합해 큰 틀에서 무엇을 설명해야 하는지를 저는 저절로 알게 됩니다.[*]

전생의 어느 부분이 현세인 지금의 나의 문제와 맞닿아 있다는 그 안내에서 많은 내담자들은 지금 자신의 문제에 대한 접근방식을 바꾸게 되고 지금의 문제를 해결하려고 노력하며 또 노력에 의해 문제가 해결되기도 한다. 그리고 악업보다는 선업을 만드는 데 노력한다고 한다.

이 책에서 나는 살아가면서 경험하는 아픔이나 불행은 우리가 알지 못하는 기억의 저편에서 내가 이미 지은 행위의 결과일 수도 있다는 점을 이해하게 되었다. 이 책이 준 교훈은 지금, 이 인생에서, 나는 선(善)하게 많은 사람들과 서로 이해하고 배려하면서 공동의 행복을 추구하며 사는 것이다. 이생에서의 잘못된 이기심이 다음 나의 생에서 다른 업보(業報)로 나타나지 않기를 소박하게 기대한다.

[*] 박진여, 『당신, 전생에서 읽어드립니다』, 김영사, 2015.

4부

보내는 자들의 마음

갑작스러운 가족의 죽음

살다 보면 갑작스런 가족의 죽음을 겪는 일이 생길 수도 있다. 스리랑카 여성 소날리[*]는 런던대학교 교수였다. 어느 여름, 남편과 자녀 둘 그리고 친정부모를 모시고 어린 시절을 보낸 고국의 해변으로 피서를 갔다. 그런데 그만 지진해일이 덮쳐 그는 순식간에 가족을 다 잃고 만다. 그녀는 가족의 생사를 확인하기 위해 정신없이 피해지역을 다니며 시신을 찾았고, 가족들이 다 죽었음을 알고는 실신하였다. 그녀는 그들을 따라 죽고 싶어 자살까지 시도했지만 실패하고, 점점 스스로를 가두면서 알코올 중독 상태가 되어버린다.

그리고 1년 후, 그녀는 가족이 그리워 다시 고향을 찾아간다. 부모님과 함께 살았던 고향집에서 그녀는 자신의 어린 시절을 발견하였고, 그 시절에 대한 추억에서 삶에 대한 용기를 조금씩 갖기 시작하였다. 그리고 사고현장도 찾는다. 이런 과정을 통해 그녀는 그때의 사고를 진심으로 수용하게 된다.

런던으로 돌아온 그녀는 남편과 자녀들을 '따뜻한 과거'로 받아들인 뒤, 새로운 자신을 찾기 위해 사람들이 많은 뉴욕으로 여행을 떠난다. 때론 그리움으로 힘들었지만, 그녀는 죽은 가족과 함께하는 마음으로 여행하였다. 런던으로 돌아와 하던 일을 시작한 그녀는 일에 몰입하면서 슬픔이 차츰차츰, 조금씩, 증류됨을 느꼈고, 드디어 8년 만에 웃음을 되찾는다.

그녀의 슬픔이 저절로 사라진 것은 아니었다. 그 찐한 슬픔(비탄)은 주위의 노력으로 극복되었던 것이다. 이 8년의 회복과정에서 그녀는 자신에게 힘이 되어준 두 가지를 꼽았다. 먼저, 죽은 가족의 시신을 찾는 데 최선을 다해준 경찰과 재난센터 종사자들이었다. 그들은 가족을 잃고 신경이 날카로워진 자신과 같은 사람을 진심으로 이해했다. 주검의 한 부분이라도 찾으려는 피해 가족들의 마음을 공감하고 협력해주었던 점이 그녀에게는 당시 너무나 큰 위로와 도움이었다고 고백하였다. 둘째, 그녀는 외동이었지만 이모들이 여럿이라 사촌이 많았다. 그들이 순번을 정해, 사고 직후부터 그녀의 옆에 머물러 주었다. 여행도 함께했고, 밥도 함께 먹으면서 가만히 그녀를 지켜준 것은 그녀의 일상이 회복되는 데 너무나 큰 힘이 되었다.

한국에도 그간 무수한 참사**가 있었고, 많은 사람이 가족을 잃었다. 갑작스러운 가족의 죽음은 남은 가족, 즉 유족들에게 극복하기 어려운 시련과 상실감을 준다. 그래서 진심으로 그들을 애도하는 마음과 위기를 이겨

낼 수 있도록 사회시스템으로 지원하는 피해자 지원이나 애도(哀悼)의 문화가 필요하다.

* 소날리 데라냐갈라(김소연 옮김), 『천 개의 파도』, 나무의철학, 2013.
** 70년대 이후 우리나라의 대형사고들: 와우아파트 사고(1970.04.11), 대한항공 보잉 707 폭파(1987.11.29), 성수대교 붕괴(1994.10.29), 삼풍백화점 붕괴사고(1995.06.29), 대구 지하철 참사(2003.02.18), 용산 참사(2009.01.20), 세월호 참사(2014.04.06).

'이 또한 지나가리라'*

우디 앨런의 영화 〈블루 자스민〉의 주인공 자스민은 뉴욕 5번가에서 상위 1%의 삶을 영위하는 여성이었는데, 하루아침에 부와 명성, 그리고 남편까지 모두 잃고 만다. 자신의 모든 것을 잃고 그녀는 큰 상실감에서 헤어나지 못한다. 영화의 마지막까지 그녀는 정신 나간 사람처럼 길거리를 배회하고 다닌다. 그녀 곁에는 아무도 없다. 상상하건대, 그녀는 노숙인 상태에서 홈리스 센터 등에 머물다 죽을 것이다.

자존심이 강한 P 교수는 나이 50줄에 들어서면서 더 이상 경멸이 담긴 부인의 잔소리를 견딜 수가 없어 먼저 이혼을 제안했다. 이혼의 제안자임에도 불구하고 P 교수는 '가정을 잃었다'라는 상실감에서 벗어나지 못해 무척이나 괴로워하다가 친구의 조언으로 가족상담사를 만나면서 자신의 삶에서 무엇이 문제였는가를 알게 되었다. 그러나 그걸 알았다는 건 이성적인 이해일 뿐이었다. 자신의 인생이 실패했다는 좌절에서 그는 지금도 헤어나지 못하고 있다. 점점 우울해지고 황폐해지고 있는 것이다.

사랑하는 아들(22세)을 사고사로 잃은 K 여사는 그 상실감에서 벗어나지 못해 한참이나 괴로워했다. 아들이 가버린 지 3년경부터 그녀는 이상해지기 시작하더니, 50대 후반에 치매 판정을 받았다. 아들의 죽음이 바로 치매로 연결된 것은 아니겠지만 그 3년여 시간 동안 그녀는 정서적으로 온전하지 못했고, 일상은 흐트러졌다. 웃지도 않았고, 사람들과 만나는 것도 회피하였다. 그녀는 그 상실을 메울 다른 활동을 찾으려고 노력하지 않았다. 심한 자책감에 빠져 있었기 때문이다. 그런 불안정한 정서 상태가 인지장애로까지 연결되었을 가능성이 높다.

이처럼 사람이 살면서 받아들이기 힘든 환경에 처하는 경우가 많다. 이혼, 가족의 죽음 등으로 상실에 빠질 수도 있다. 이런 처지에 처하게 되면 맨 먼저 현실을 '부정'하고 싶어진다. 믿을 수 없다는 심정으로 혼란스러워하고 감정이나 행동이 평상시와는 달라진다. 이런 경우에는 가까운 사람과 지내며 마음을 추스르는 환경을 만드는 것이 좋다.

현실을 부정하는 다음 단계에는 '분노'가 찾아온다고 한다. 죄책감, 화, 원망 등의 감정이 시도 때도 없이 생기면서 시간이 필요하게 된다. 이런 시기에도 혼자 지내기보다는 친구나 전문가와 대화를 나누며 자신을 들여다보려는 노력과 현실적 타협이 필요하다. 그러다 보면 현실을 '인정'하게 된다. 점차 이 모든 비극이 누구에게나 일어날 수 있는 일이고, 나 역시 예외일 수 없다는 '내려놓음의 심정(受容)'에 도달하게 된다.

죽음 연구의 효시로 불리는 정신과 의사 퀴블러 로스
(E. Kübler-Ross)는 희망을 상실하고 인생의 나락에 처했
을 때 대체로 사람들은 위와 같은 심리적 변화를 경험하
면서 회복에 이른다고 했다(누구나 회복되는 것은 아니다).
이때 중요한 것은 나에게 힘이 되는 사람을 찾는 것과 이
런 고통이 '시간이 지나면 다 지나갈 것'이라고 낙관적으
로 믿는 것이다.

* '이 또한 지나가리라(This, too, shall pass away)'는 고대 이스라엘의 왕
인 솔로몬의 반지에 적힌 글에서 유래되었다고 한다.

어린 자녀가 경험하는
부모의 죽음

          나의 여동생은 열한 살과 아홉 살 자녀를 두고 오래 앓던 병으로 세상을 떠났다. 조카들은 엄마가 입원과 퇴원을 자주 하였기에 돌아가실지도 모른다는 막연한 예측은 하고 있었다. 마지막 입원 기간이 방학 때였고 도저히 가족들이 아이들에게 관심 가질 마음의 여유가 없어 보여, 동생 병문안 뒤 두 조카를 부산에 있는 우리 집으로 데리고 왔다.

  아이들은 사촌들과 잘 지냈다. 나는 아이들에게 엄마가 이젠 돌아가실지도 모른다는 말을 간간히 알려주면서 정신적 충격이 크지 않도록 애썼다. 아이들은 알고 있어요, 라는 표정을 지었고, 아버지와 살면 된다는 이야기도 하였다. 이후 상(喪)이 나서 내가 아이들을 데리고 서울로 갔고, 장지가 경남인지라 다시 내려오는 긴 행로가 며칠간 이루어졌다. 그러나 조카들은 이모와 고모 품에서 크게 울지는 않았다.

  초상을 치르고 제부가 나에게 건넨 첫마디가 "저놈들을 어찌 챙길까요"라는 질문이었다. 나는 일단 학교의 담임 선생님을 찾아가 아이들의 상황을 말씀드리고, 행여나 엄마의 죽음 여파가 부정적으로 나타나는 점은 없는

지 세심히 봐달라는 부탁을 하라고 일렀다. 그 뒤 고모가 아이들 집에서 함께 기거하면서 가정을 돌보아주었고, 아이들은 무난히 학교로 돌아갔다. 나는 간간이 서울 가는 걸음에 조카들을 만났는데 제부가 아이들을 잘 건사하면서 지내고 있었다. 이후 죽음 공부를 하면서 나는 부모의 죽음을 경험하는 어린 자녀에게는 그 상실감으로 인한 슬픔을 표현하도록 도와주어야 하는, 보다 체계적인 지원책이 필요하다는 것을 알게 되었다.

9살, 11살은 아동 심리학자 피아제(Piget)가 말하는 '구체적 조작기'에 해당한다. 아동은 어떤 대상을 논리적으로 이해하며, 시간의 전후 관계를 알아, 시간은 흘러가는 것이고 인간은 언젠가는 죽는다는 것은 안다. 그러나 이 단계의 아이들은 그 사건이 앞으로 나에게 미칠 예후, 즉 그 추상적 개념에 대해서는 잘 모른다. 즉, 슬프지만 그 슬픔을 표현하지 못하는 시기이고, 그 슬픔이 마음에 침잠(沈潛)하는 것과 함께 성장하면서 자칫 죽음의 트라우마를 간직할 수 있으며, 소외감을 느낄 수도 있다. 특히 자신을 인정하고 격려해주는 존재로서의 부모(특히 엄마)의 상실은 남아에게는 이성에 대한 모호함, 여아에게는 부모화(딸로서 가족을 챙겨야 한다는 지나친 의무감)의 감정을 생산해낼 수 있다.

행여 주위에 어린 나이에 부모를 잃은 아이들이 있다

면, 그 슬픔을 표현하도록 도와주어야 한다. 요즘 놀이치료, 미술치료 등과 같은 표현예술치료 전문가가 상당히 많다. 그들과 함께 아이들이 자신의 슬픔을 만져보면서, 그 슬픔을 조금씩 휘발할 수 있도록 도와주는 '슬픔 혹은 애도 상담'이 필요하다.

자녀를 잃은 부모의 슬픔

졸업생 J가 떨리는 음성으로 전화를 했다. 당장 만나본즉, 한 달 전에 대학생 아들을 사고사로 잃었는데, 초상을 다 치르고 한 달이 지났는데도 마음이 진정되기는커녕 슬픔이 더욱 커져 직장생활조차 할 수 없다는 호소였다. 따뜻한 차를 마시며 아들의 익사사고 전후 이야기랑 장례과정에서 느낀 자기 생각을 이야기했다. 무엇보다 친구들과 놀러 가는 걸 말리지 못했다는 엄마로서의 자책감이 컸다.

우리는 살면서 예상하지 못한 가족의 죽음을 목격하게 된다. 그중 자녀의 죽음은 부모에게 매우 큰 상실감을 주면서 일상생활의 균형을 깨뜨린다. 청소년기 자녀들이 사망하게 되는 주요 원인은 질병보다는 사고이다. 질병은 죽음에 이르는 과정이 있으므로 죽음을 받아들이는 어느 시기가 존재하지만, 사고사의 경우는 너무 돌발적이라 부모는 미칠 지경에 이르게 된다. 부모는 자녀와 함께한 추억에 시달리고, 성장한 자녀에게는 구체적이고 현실적인 기대감 등도 가지고 있기에 상실감은 사실 어린 자녀를 잃은 경우보다 더 클 수도 있다.

질병이든 사고든, 자녀를 잃은 부모들은 어떻게 해야

하는가? 울고만 있어야 하는가? 그 불안정한 심리 상태를 다른 가족에게 투사하면서 스트레스와 갈등을 만들고, 종내에는 서로 불행해지는 방향으로 일상이 흘러가야 할 것인가? 우리는 이런 힘든 상황에 부닥친 사람들에게 "다 잊어요"라고 위로하면서 그 슬픔을 가슴속에 묻게 한다. 그건 좋은 방법이 아니다. 슬픔은 가라앉히는 것이 아니라, 배어나오도록 도와주어야 한다. 함께 손잡고 울어주고, 함께 그의 마음에 공감하면서 '우리가 옆에 있으니 언제든 우세요'라는 감정이 전달되도록 애도해주어야 한다. 그리고 그런 사건으로 한 가족이 해체되지 않고, 서서히 관계가 회복할 수 있도록 가족탄력성 향상을 도와주어야 한다.

이런 경우, 우리는 어디 가서, 누구랑 슬픔을 나누고 위로와 공감, 나아가 상담을 받아야 할 것인가? 특별한 사고희생자들을 위한 모임이 있다. 군부대희생자 유가족모임, 삼풍백화점 유가족모임, 최근의 세월호 유가족모임 등이다. 이런 모임은 사고를 당한 가족들이 서로 위로하고, 지원을 받는 창구 역할도 하지만 더욱 중요한 것은 그 집단 죽음이 지닌 사회적 의미를 간직하고 나아가 다시는 그런 희생자들이 나오지 않도록 사회안전망을 만들어야 한다는 책임을 사람들에게 전달하려는 메신저의 역할을 한다는 측면에서 대단히 중요하다.

그리고 자녀를 잃은 부모 모임이 지역별로 필요하다고 본다. 큰 슬픔을 서서히 녹여내는 단계적 과정과 가족의 일상이 회복될 수 있도록 가족을 지원하는 시스템이 필요하다. 이런 일을 하는 사별애도 상담사(Bereavement Counselor) 양성과정도 만들어져야 할 것이다.

아들이 돌보는 늙은 아버지

중년의 남자교수가 쓴 「아버지의 죽음」이라는 칼럼을 감명 깊게 읽었다. 특히 죽음에 이르는 과정을 '몸의 자연스러운 요구'로, 죽음을 '이쪽 세계에서 저쪽 세계로 넘어가는 것'이라 표현하는 게 맘에 들었다. 부모의 죽음에 대한 글들이 아들에 의해 쓰이고 있음은 내가 남성들에게서 발견하는 또 하나의 휴머니티이다.

부모 세대의 죽음을 설명하는 책으로 내가 처음 만난 것은 미치 엘봄의 『모리와 함께한 화요일』*이다. 저자는 은사님을 찾아뵈면서 점점 노쇠해져가는 그에 대해 적었고, 은사는 자신의 죽음 여정을 이야기와 글로 제자에게 보여주었다. 점점 죽음에 가까이 가고 있는 은사의 모습을 보고 슬퍼하는 제자에게 스승은 오히려 "죽음은… 생명은 끝내지만 관계를 끝내는 것은 아니다"라면서 위로하기도 했다. 이 책에서 나는 '죽음이 우리를 영원히 헤어지게 하는 것은 아니다'라는 걸 알고 안심하였다.

이상운의 『아버지는 그렇게 작아져간다』**는 여러 여건상 아버지의 마지막 간병을 맡게 된 아들이 아버지의 죽음에 이르는 과정을 그린 소설이다. 아버지가 보내는 여러 가지 죽음신호를 느끼고, 그 자신도 불안하고 두렵지만 아버지가 굳건히 대처하고 있는 죽음을 점점 수용하는 마음이 생기면서, 목숨이 사그라지는 과정을 자세히 들여다본다. 특히 살림에 서툰 아들이 아버지를 직접 병구완하면서 느끼는 손끝의 감정들이 묘사되고 있는데 이는 모든 남자가 한 번쯤 경험해봐야 할 '성스러운 행위'라고 생각한다.

'우리는 죽음에 등을 기대고 서 있는 존재들이다'라는 시인 폴 발레리의 시를 인용하면서, 아들은 죽으러 가는 그 길목에서 아버지가 만나는 것들—요도폐색, 섬망, 노인요양병원의 모순, 음식을 먹을 수 없게 된다는 슬픔 등—을 언급하고 있다. 그러면서 저자는 이 죽으러 가는 과정이 평균 7~8년이라는 신문기사에 진저리를 치기도 한다.

『죽음을 어떻게 말할까-아버지와 함께한 마지막 한 해』***는 스위스에 거주하면서 직업이 기자인 저자가 실제 아버지와 나눈 마지막을 그린 자서전이다. 어린 시절부터 항상 일이 우선이던 아버지를 존경과 분노가 뒤얽힌 감정으로 대해온 아들이, 아버지의 요청으로 아흔의 아버지를 위해 마지막 증언자가 되기를 작정하고 그 옆에 머물면서, 우리 시선에서 보면 다소 특이한 '조력자살'에 동참하는 과정을 설명하고 있다.

우리는 나의 삶과 어떻게 작별할 것인가를 생각하기도 하지만, 인간에게 '스스로 목숨을 거두어들일 권리'가 있는가라는 질문에는 우왕좌왕한다. 이 책은 그 권리에 대해 설명하면서 아버지의 선택과 죽음을 바라보는 아들의 심정을 잘 드러내고 있다. 정이 가지 않던 아버지를 이제는 내가 돌보아야 된다고 결심하는 가족애도 보여주고, 죽기 전에 우리가 화해하고 떠나야 될 대상(물론 갈등은 그 가족의 역사이겠지만)과의 마지막 의례(이 책에서는 '가족들의 마지막 식사'로 표현된다)도 낭만적으로 설명하고 있다. 특히 남성들의 일독을 권한다.

* 미치 앨봄(고경희 옮김), 『모리와 함께한 화요일』, 세종서적, 1998.
** 이상운, 『아버지는 그렇게 작아져간다』, 문학동네, 2014.
*** 윌리 오스발트(김희상 옮김), 『죽음을 어떻게 말할까─아버지와 함께한 마지막 한 해』, 열린책들, 2014.

어머니를 돌보는 딸들

친구 A는 강원도에 혼자 사는 엄마 이야기를 자주 했다. 밭일도 하면서 동네 분들과 잘 지내고 있지만, 늘 엄마의 새까만 손톱이 눈에 선해 마음이 아프다고 했다. 그런 중에 엄마가 병에 걸렸고 병원을 오가면서 나을 수 없는 병이라는 것을 알았다. 친구는 큰 가방을 들고 엄마 곁에 갔다. 아이들과 남편의 식사, 집안일 등이 걱정됐지만, 엄마의 다다른 죽음 앞에서는 그게 그렇게 중요한 것이 아니었다. 엄마 옆에 3개월 동안 있었고, 임종을 지켰다. 엄마와 많은 이야기를 나누고, 걱정 말고 가시라고 이야기해드린 것에 그녀는 만족했다.

요양원에 근무하시는 분의 말씀이 방문 가족 중 딸과 며느리의 비율이 8대 2 정도라고 했다. 노부모의 병환 앞에서 진심으로 더 마음이 아픈 사람은 더 많은 추억을 가지고 있는 사람이다. 그래서 딸들이 더 자주 방문하는 것은 당연하고, 다들 자기 부모를 찾아가면 되니 넓게 보면 그게 그것인 셈으로, 걱정할 점은 아니다. 수명의 증가로 남성노인이 증가하면서 자연히 아들이 간병을 맡는 경향이 생기기도 했지만, 그래도 주 부양자는 며느리와 딸이다. 시아버지를 간병하는 며느리의 이야기나 친정어머니와 시어머니를 간병하는 한국 중년여성들의 이야기는 일반 여성들 사이에서는 흔한 이야기이다. 5~6년 동안 시아버지의 대소변을 받아내고 씻겨드린 이웃 엄마의 이야기에 나는 감동하기도 했다.

15년 전, 내가 본 메리 파인머의 『또 다른 풍경』*이란 책은 노인과 성인 자녀 사이에 놓인 미지의 세계를 보여준 책이었다. 늙은 부모를 자주 찾아뵙고, 그들에게 다가오고 있는 죽음에 민감하게 반응하라고 가르쳐줬다. 버지니아 스템 오언스의 『어머니를 돌보며』**는 치매에 걸려 돌아가신 엄마를 7년간 간병하면서 느끼고 본 것을 직접 적은 책이다. 저자는 죽고 싶지 않다는 어머니를 지켜보면서 그녀가 막연하게 가졌던 죽음의 메타포를 구체적으로 수정해나갔다. 죽는다는 것은 누군가의 돌봄이 필요한 생의 과업이며, 이 시기에 사적·공적 돌봄이 보장되는 사회가 우리의 마지막 소원이라고까지 말하고 있었다.

가끔 노인을 대상으로 강의를 하는 경우가 있다. 삶과 죽음은 연결되어 있다는 주제를 풀어내면서, 나는 마지막 소원에 대해 묻는다. 한결같이 그 소원은 '자식이 잘 사는 것'과 '편하게 죽는 것'이었다. 편하게 죽고 싶다는 그 소원이 이루어질 것 같으냐고 물으면, 반 정도는 자신이 없다고 한다. 누가 나를 구완해주겠느냐에서부터 숨이 다할 때까지의 그 지난한 고통을 아는 분들이기에 어떻게 죽을 것인가에 대해 두려움이 있는 것이다. 이 글을 읽는 분들에게 '자식으로서의 나'와 '곧 죽게 될 부모로서의 나'에 대해 생각해보기를 권한다. 부양자·피부양자의 틈새에 돌보아줄 가족이 없는 1인 가구 노인들이 계신다. 지금 비혼(非婚) 등으로 1인 가구가 증가하고 있다. 고독사, 무연고 죽음 등이 사회적 문제로 떠오를 때도 머지않을 것 같다. 노인 돌봄과 주검관리에 대한 새로운 접근이 필요하다.***

* 메리 파인머(공경희 옮김), 『또 다른 풍경』, 모색, 1990.
** 버지니아 스템 오언스(유자화 옮김), 『어머니를 돌보며』, 부키, 2009.
*** 홀몸노인 고독사 예방 조례 제정: 2016년 12월, 충북 보은군 의회가 홀로 사는 노인을 체계적으로 관리해 편안한 노후생활을 보장하고, 이들의 외로운 죽음을 방지하기 위한 '보은군 홀로 사는 노인 고독사 예방 조례안'을 의원 만장일치로 의결했다. 이 조례안은 고독사 예방을 위한 군의 책무와 지원 사업의 내용, 고독사 예방 계획 수립 등 고령화 사회에서 외롭게 사는 노인들을 보호하기 위한 다양한 규정을 담고 있다. 즉, 군수가 해마다 홀몸노인들의 현황을 파악해 관리체계를 구축하고, 공무원의 정기적인 방문을 통해 개인별 맞춤형 서비스를 제공하도록 했다. 또 심리 전문가를 통해 노인들의 불안한 심리를 주기적으로 상담하는 한편, 무연고 사망자에 관한 장례서비스를 포함했다. 고독사 예방에 이바지한 단체나 주민에게 표창할 수 있는 근거도 마련해놓았다.

노부모 돌보기

A(남성) 선배는 연로하신 부모님 때문에 스트레스를 받고 있다. 두 분 다 팔순이 넘으셨는데 어머님은 폐암 수술로 혼자 몸 거두시기도 어렵고, 지금은 요양원에 가 계신다. 그리고 아버님은 여전히 약주를 즐기시고 가끔 친구들을 만나 과음을 하시면 꼭 사고를 내신다. 즉 넘어지거나, 머리를 다치신다. 요즘은 약간의 치매 증상도 보이신다. 집에 안 계신 어머니를 찾으시면서 당신보다 먼저 죽으면 안 된다고 소리를 지르신다고 한다. A는 시도 때도 없이 부르는 아버님 전화에 스스로도 지치고 있다고 말하면서, 효심의 문제가 아니라 아버지의 병이 나을 것 같지도 않은데, 뭘 어찌해야 좋을지 모르겠다고 한다.

노쇠한 상황에서 노인들이 보이는 태도는 물론 개인차가 있겠지만, 성별 차이도 있다. 옛말에 과부 방과 홀아비 방에 피는 것이 다르다고들 하지 않던가. A 선배의 말을 듣고 나는 몇 가지 조언을 해드렸다. 아버지는 지금 생로병사의 사(死)의 수순에 들어서고 계신다. 치매 현상은 지금이라도 진단을 받아 약을 복용할 수밖에 없다. 절대 낫지는 않고 진전이 더딜 뿐이지만 그 약은 복용해야 할 것 같다고 조언했다. 집에서 마시는 약주는 아마 끊기가 어려울 것이므로 과하지 않는 수준에서 마시는 걸 봐드려야 한다(이미 알코올중독 수준이고, 사실 병이 와야 끊는다). 친구 만나 과음하는 것은 친구들을 안 만나게 하는 수밖에 없는데, 스스로 지키지 못하니 친구들이 이 일에 협조하도록 요청을 한번 해보는 것도 좋겠다고 했다.

그리고 어머니와의 관계를 보면, 아버지는 평생 일상의 섭생을 부인에게 의존해온 분이기 때문에, 나 죽기 전에는 자네도 죽지 말라는 심정일 것이다. 말 그대로 이기적인 남자들의 심정이다. 남자도 생활인으로 스스로 절제하고 민폐를 끼치지 않고 살아야 한다는 생각을 중년기부터 해야 하는데 그걸 준비 못한 세대이니 이해해야 한다. 그리고 자식들에게 응석 부리는 것은 당신 공부 좀 하라고 그러는 거라 생각하고 이 상황을 긍정적으로 받아들이라고 조언했다. 아무리 스트레스가 쌓여도 그건 아들인 당신이 감당해낼 몫이니 받아들이라고 했다. 당신도 당신 아버지 아들인데… 늙은 당신의 모습을 미리 보시는 건 아닐지, 하니 놀란다.

사실, 노인들은 변화를 싫어하면서 주위에 의존도가 높아지는 발달단계의 특성을 나타낸다. 스스로 건강관리를 잘하고, 알아서 섭생도 챙긴다면(어른답게?) 더할 나위 없겠지만, 연로하면 자녀들이 돌보아야 하고, 부득불 자녀들의 손길이 힘들면 시설에 가야 한다.

현대인의 삶은 시간관리 면에서나 심리적 부담 면에서 어른 모시기에 좋은 쪽으로는 전혀 편성되지 못하고 있다. 이 시대를 살아가는 우리의 운명이라고나 할까. 이제 노인기에 들어서는 전후세대들은 '내 자식이 위의 A 씨처럼 하소연하게 된다면?'이라는 문제에 대해 성찰해볼 필요가 있다. 물론 개인의 노력에 보태어 사회적 돌봄 시스템이 함께 작동되어야 하고, 그건 전문가들의 몫이지만, 스스로도 나 자신을 책임질 줄 알아야 한다. 사(死)의 입구에서 내가 어찌 변할지는 사실 아무도 모른다. 단지 내가 그래도 혼자 일상을 챙기고, 착한 치매 정도에 걸리도록 기도하는 수밖에는…. 늙음과 죽음을 맞이하는 준비가 필요하다.

부모를 보내드릴 준비

　　　　　　　　B 선배는 불심이 깊은 분으로,
대단한 효녀다. 그런데 어느 날, 내가 쓴 칼럼을 보고 만
나자는 전갈이 왔다. 선배는 만나자마자 "나는 내가 이
런 딸인 줄 몰랐다"고 하면서 그런 자신이 너무 싫다고
우울한 표정을 지었다. 일흔 줄에 들어선 선배는 98세인
어머니와 가족의 이야기를 풀어나갔다.

　어머니께서는 1남 3녀를 두셨는데, 그동안은 오빠 집
에서 사셨다. 그런데 병이 깊어지면서 올케언니가 너무
고생을 하는 것 같아, 딸들의 제안으로 세 딸의 집을 7년
정도 오갔다. 어머니가 집에 계시는 2~3개월은 자신도
스케줄이 다 망가지고, 수발에 힘이 들었다고 했다. 그런
데 지금은 네 자녀 모두 '이젠 안 돌아가시나…' 하고 기
다리는 상황이 되고 보니, 스스로가 한심한 자식 같아
너무나 마음이 아프다는 이야기였다. 그러면서 선배는
두 가지 이야기를 나누고 싶어 했다. 하나는 엄마에게 앞
으로 무슨 일이 더 남아 있는가와 앞으로 나는 어찌 죽
음을 준비할까였다.

　선배 어머니는 아직까지 자녀들과 함께 살고 식사도
(손수는 아니지만) 하고, 의식도 있다. 집에 안 모신다고 해

서 효심이 부족한 자식이라고 생각해서는 안 된다. 앞으로 점점 식사를 못 할 것이고, 의식이 가물가물해져 사람을 못 알아보는 일들이 생기며 대소변을 받아야 하는 와상(臥床) 상태에 들어갈 것이다. 이 과정에서 온순해지면 다행이지만 그렇지 않을 수도 있다.

이런 시기에는 특히 주 부양자의 의견에 다른 가족들이 귀를 기울여보는 게 필요하다. 자신은 간병도 하지 않으면서 무작정 집에서 모셔야 한다고 주장거나, 잘못 모신다고 불평을 하는 바람에 부부나 형제들이 의가 상하는 경우가 부지기수이다. 수발도 가사노동이다. 그래서 협력 내지 분담이 필요하고, 때로는 대체노동이 도입될 필요도 있다. 지금 연로한 어른들은 죽을 준비를 하고 살 만큼 여유가 있는 삶이 아니었다. 가끔 죽을 때를 예감하고 준비하는 분의 이야기를 듣기는 하지만, 그분들은 그 세대에서는 좀 특별한 분들이라고 생각한다. 선배에게 "부모님께서는 이제 죽음의 길에 들어서셨습니다. 서서히, 가시는 그 모습을 바라보면서 기다리는 마음을 가지는 게 어떨까요?"라고 말씀드렸다.

죽음에 이르는 모습을 이야기할 때 잘 인용되는 분이 스코트 니어링이다.* 니어링은 도시의 문명을 등지고 미개발된 농촌에 들어가 자연의 순리에 맞게 살려고 노력했다. 그는 병이 들자 의학적 치료를 거부하면서 그 병과 함께 살았고, 병(病)과 사(死)의 과정을 그대로 가족에게 보여주면서 100세의 나이로 평화롭게 숨을 거두었다고 한다. 죽음을 지연하지도, 관리하지도 않고 가장 자연스럽게 받아들인 사례이다. 그런 남편의 고통을 지켜본 부인 헬렌은, 자신의 죽음은 갑작스러웠으면 좋겠다고 기도했으며, 정말 교통사고로 즉사하였다고 한다.

우리는 죽음을 예측할 수 없다. 그러나 죽음을 준비하면서 갈 수는 있다. 나는 선배에게 지금부터 어떻게 죽고 싶은지를 생각하라고 권해드렸다. 그리고 죽기 전에 처리해두어야 할 인간사가 있다면, 지금부터라도 하나씩 처리하라고 권했다. 이만큼 산 삶에 감사하면서 그 일들을 처리한다면 아마 행복할 것이다.

* 스코트 니어링 · 헬렌 니어링(류시화 옮김), 『조화로운 삶』, 보리, 2000 ; 스코트 니어링(김라합 옮김), 『스코트 니어링 자서전』, 실천문학사, 2000.

늙으신 부모에 대한 마음

-측은지심

5월은 가정의 달이다. 내 나이 젊었을 때는 어린이날이 중요하였지만, 이제는 어버이날이 더 새삼스럽다. 요즘은 나도 아침에 눈뜨면 온몸을 흔들면서 기지개를 켜지 않고는 침대에서 내려오기가 불편하다. 젊은 시절 들었던 할머니와 어머니의 '아이고, 아이고' 소리가 이제 나의 입에서 나올 지경이다. 늙는다는 건 자연스러운 현상이지만 늙은이의 눈으로 세상을 보니, 인생은 정말 살 만한 것, 제대로 살아볼 만한 것임을 새삼 느낀다.

부모님을 안쓰럽게 본 것은 언제부터일까. 아마도 몸이 불편하기 시작하면서부터였지 싶다. 어머니는 좀 골골했던 편이라 70세에 벌써 혼자 다니기가 힘들 정도가 되었다. 아버지가 여러 번 권했지만 마을 산책도 하지 않으셨다. 몸이 아프다는 것이었다. 그래서 자주 목욕탕에 모시고 가는 것이 딸들이 할 수 있는 가장 큰 효도였다. 앙상하고 가벼운, 늙은 엄마의 몸을 바라보면 늘 마음이 아팠다. 등은 울퉁불퉁하였고, 배는 쪼글쪼글하였다. 육 남매를 낳아 기른 손과 몸이 애처롭다 못해 신비하기만

했다. 그런 어머니를 바라보면서 늙어서 갇혀 지내는 삶이 불쌍하다는 생각을 했고, 늙어선 건강이 제일 중요하다는 것도 깨달았다. 나는 엄마에게 무조건 순종하였다. 엄마가 부르면 뛰어갔고, 잡숫고 싶다는 것은 즉시 사다 드렸다. 찬송가 부르길 좋아하는 엄마는 언니와 전화선을 타고 함께 노래했다.

지인 J 여사는 "내가 그래도 엄마를 위해 뭔가를 해드릴 수 있다는 것이 너무 감사해요"라고 말한다. 어머니가 부르면 달려갈 수 있는 거리에 살고 있고, 어머니가 입고 싶고, 먹고 싶은 것을 사다 드릴 수 있음이 너무 행복하단다. 굵고 비틀어진 어머니의 손가락 마디마디에 눈이 가면 마음이 아프고, 치아가 다 빠져 합죽해진 얼굴이 어린아이 같아 우습기도 하지만, "그래도 엄마가 살아 계신다는 것이 참 좋다"고 했다.

이 글을 읽는 사람 중에는 늙은 부모를 부양하느라 고생하는 사람도 많을 것이다. 하지만 피할 수 없는 환경이라면 긍정적으로 받아들이라고 감히 말하고 싶다. 따지고 보면 그 고생도 정말 노부모 때문이기보다는 다른 일들 때문일 것이다. 그리고 내가 저 나이가 되면 어디서 뭘 하면서 살고 있을까 한 번만 생각해보면, 그 연세의 부모님께 측은지심(惻隱至心)이 생길 것이다. 효도란 부모님 살아생전에 하는 것이지, 사후에 기도로 제사 지내는 것은 아닐 것이다. 가능하면 자주 안부를 묻고, 자주 그 마음을 헤아려 의식주 생활이 충만할 수 있도록 돌보는 것은 '시대와는 상관없는' 자식의 도리이고 기쁨일 것이다. 받는 것보다는 주는 것이 더 좋다는 것을 잊지 말자.*

* 종합케어센터 선빌리지(박규상 옮김), 『노인이 말하지 않는 것들』, 시니어 커뮤니케이션, 2006. 이 책은 노인 돌봄 현장에 종사하는 이들에게, 돌보는 사람의 눈에서보다는 돌봄을 받는 노인들의 관점에서 노인 모시기를 봐야 함을 세세한 현장 사례를 가지고 설명하고 있다.

연로한 부모와 화해하기

최근 미국 작가 리베카 솔닛이 쓴 소설 『멀고도 가까운』[*]을 읽었다. 어린 시절 자신에게는 엄마가 없다고 여길 정도로 청소년기부터 엄마와 사이가 나빴던 주인공이 어떻게 엄마를 이해하고 엄마와 화해할 수 있었는가를 쓴 자전적 소설이다. 치매에 걸려 돌아가신 엄마를 향한 일방적 화해였지만 작가는 엄마의 죽음을 통해 새로운 구원을 얻었다고 고백했다. 7년 동안 투병 생활을 하는 엄마를 지켜보면서 자신이 모진 딸이었음을 깨닫게 되었고, 그런 깨달음을 주고 가신 엄마를 이제는 사랑한다고 하였다.

『내가 정말 알아야 할 모든 것은 유치원에서 배웠다』, 『제 장례식에 놀러 오실래요?』를 쓴 작가 로버트 풀컴은 자신이 한 일 중에 가장 잘한 일이 늙은 아버지와 화해한 것이었다고 고백하였다.[**] 그는 극적인 화해를 이룬 후 반년 만에 아버지가 세상을 떠나자 가슴을 쓸어내렸다. 아버지가 그냥 돌아가셨더라면 얼마나 자책했을까 생각하니 아찔했던 것이다. 그러면서 그는 독자에게 충고했다. 화해할 부모가 있다면 지금 당장 하라고. 그 충고가 자신을 위한 것이라는 말도 잊지 않았다.

'화해(和解)'는 단절된 인간관계를 연결하는 과정이다. 신뢰를 회복하는 과정이기도 하다. 개별 가족환경에 따라 신뢰가 깨진 배경은 다르겠지만 부모가 연로하여 나보다 먼저 세상에서 사라질 거라는 객관적인 조건은 자녀의 이해와 용서를 촉진시킨다. 죽어도 용서 못하겠다는 비(非)용서의 정서 즉, 분노, 적개심, 증오 등을 가지고 갈 수밖에 없는 경우도 있겠지만, 그런 경우라도 종교에서는 '용서하라'고 가르친다.

그런데 우리는 용서를 완성하기 위해 화해의 마음을 먹지만 그 용서란 대체로 '상대에 공감하여 용서를 베풀기'보다는 나를 위한, 즉 용서하고 편하게 살고 싶다는 '나의 유익을 위한 용서'인 경우가 많다. 부모와의 화해는 반드시 돌아가시기 전에 해야 한다. 이는 '자기 유익의 관점'에서도 필요하다. 용서를 빌 것이 있으면 빌고 용서 받아야 할 것이 있으면 받는 과정을 가지라는 것이다. 이기적인 관점에서 내 마음이 편하려면 내가 먼저 상대에게 다가서서 용서하고, 용서받는 대화와 손길을 나누는 것이 필요하다.

그러나 나는 '공감 기반의 관점'에서 용서와 화해를 시도해보라고 권하고 싶다. 전자가 이기적 심성이라면 후자는 이타성 심성에 근거한다. 나에게 상처를 준 사람이라 할지라도 상대의 관점에서 이해하는 자세를 가져보라는 것이다. 이 관점은 우리를 성숙한 인간으로 만들어 준다. 그러려면 연습이 필요하다. 부모는 나에게 어떤 사람인가. 부모는 진자리 마른자리 가리지 않고 자식을 키운 사람이다. 그 바탕에는 헌신과 희생이 깔려 있다. 자식을 향한 부모의 이타성은 본능에 가깝다. 그렇게 살아오다 세월과 더불어 힘없고 늙어버린 사람이 부모다. 80~90세가 된 노부모를 아직도 이해하지 못한다면 그 원인은 50~60세 된 자식의 미성숙함에 있다고 말하고 싶다.

부모를 상대적 관점에서 판단하는 사람도 많지만, 부모와 자식은 거의 무조건적인 애정 관계다. 부모가 노년기에 들어선 지금은 조건 없이 그분들을 수용해야 한다. 물론 누가 보아도 용서받기 힘든 잘못을 저지른 부모도 계실 것이다. 그런 경우 역시 합리적인 판단을 통한 해결책을 연구하지 말고, 조건 없이 덮어주는 용기가 필요하다.

* 리베카 솔닛(김현우 옮김), 『멀고도 가까운』, 반비, 2016.
** 로버트 풀컴(이계영 옮김), 『제 장례식에 놀러오실래요?』, 김영사, 2000.

내가 죽으면 이 물건들은
누가 치우지?

아버지는 12년 전, 어머니는 9년 전 돌아가셨다. 나는 어머니의 장례에는 참석하지 못했다. 매일 남편으로부터 국제전화로 장례과정에 대한 이야기를 들으며 울면서 장례에 함께하는 마음으로 지냈다. 삼일장과 화장장 이야기, 그리고 미리 마련된 가족묘지에 안치하는 것 등은 장례의 기본 일정이었으나, 그 뒤 어머니의 유품 정리는 아버지의 유품 정리 때와는 다른 의미를 주었다.

아버지는 어머니보다 3년 전에 돌아가셨다. 아버지의 장례 후, 어머니와 언니, 올케 그리고 남동생은 어머니의 지휘하에 두 방 가득 들어 있던 아버지의 물건을 정리하였다. 먼저 어머니는 아버지의 물건 중 가지고 싶은 것들을 가져가라고 말씀하셨다. 손수 이건 누가 가져가고 저건 누가 가져가라는 언급도 하셨다. 나는 내가 아버지께 사드린 반코트를 행여나 남편이 입을 수 있을까 싶어 받아 왔다. 어머니는 아버지의 베레모도 챙겨주셨다. "임 서방이 예전에 그 모자를 써보더라"는 말씀과 함께…. 그리고 어디 보낼 것과 버릴 것들을 분류하였다.

유품에서 나온 청년 시절의 아버지 사진은 잠시 우리

들을 웃게 만들었고, 첫 직장에서 받은 표창장 등은 아버지의 성품을 그대로 나타내주는 징표였다. 아버지께서 보관한 물건 중에는 1950, 60년대를 상징하는 교육자료들이 많이 있었는데 지금 생각해보면 그걸 어디 기증했어야 하지 않았을까 하는 아쉬움이 남는다. 개인이나 혹은 가족이 지닌 역사적 상징성을 내포한 유품을 받는 사회적 창구가 있었으면 좋겠다.

처음부터 끝까지 부모님의 유품 정리를 한 언니는 아버지의 유품을 정리할 때는 그래도 어머니가 계셨기에 허전한 마음은 크게 들지 않았다고 했다. 워낙 자신의 일상과 관계되는 자잘한 어떤 것들도 버리지 못하는 아버지이셨기에 남긴 짐이 너무 많아 그걸 버리고 나누고 하는 데 거의 일주일이나 걸려 수고는 했지만, 뭔가 오래된 부모님의 짐들을 청소해드리는 정결한 마음이 들었다고 했다.

그러나 어머니가 돌아가신 후의 유품정리는 슬펐다고 했다. 그건 두 분의 팔십 평생 삶의 흔적을 지우는 일이었다. 여섯 자식을 낳고, 아홉 손주를 이 세상에 선물로 남기고 그분들은 이제 먼지처럼 죽음의 강을 넘어가셨다. 인생에는 '끝'이 있었다. 언니는 그 끝이 화장막에서도 느껴지지 않았는데, 두 분의 물건이 싹 정리되는 걸보면서 이제 더 이상 부모님이 여기 존재하지 않는다는 걸 실감했다고 전했다. 육체적 죽음보다 어쩌면 관계의 단절이 우리를 더 슬프게 만드는지도 모른다.

부모님의 사진, 그분들이 애지중지한 물품을 가끔 부모님 보듯이 바라본다. 한 집 가득 들어 있던 그 유품 정리 뒤에 나는 '자신의 물건을 정리하는 것, 그것이 건강할 때 해야 하는 마지막 일이다'라는 교훈을 얻었다.

70세에 짐을 반으로 줄이고, 다시 75세에 그 반을, 80세에 다시 반을 줄여 종내 요양시설이나 병원에 가야 할 때에는 자식이 가볍게 들고 갈 트렁크 한 개면 족하지 않을까, 라는 생각을 하였다. 갑작스레 죽는 수도 있을 것 같다면 더 서둘러 나누고 보내고 할 것들을 정리하는 것이 필요하다고 본다. 끝까지 멋진 부모이고 싶다.[*]

* 이 글은 필자의 『모녀 5세대』(산지니, 2015)에 「어머니의 유품」이란 제목으로 게재된 글임.

외할머니의 장례식

더운 여름, 외할머니의 부음(訃音)이 들렸다. 거동이 불편한 어머니를 모시고, 외삼촌이 사는 대전으로 올라갔다. 돌아가실 것을 다 예측하고 계셨기에, 어머니는 크게 놀라거나 경황이 없진 않으셨다. 91세 할머니의 죽음에 큰 비탄(悲歎)은 없었다. 잔잔한 애도(哀悼)의 마음만 있을 뿐.

그런 자리엔 특히 외할머니의 친정 식구들이 반갑다. 같은 지역에 사는 부계 가족들은 어쩌다 문상, 결혼식장 등에서 만나곤 하지만, 외할머니의 원가족은 좀처럼 만나지는 관계가 아니었기 때문이다. 특히 엄마 항렬에 걸쳐지는 나의 5촌 아저씨, 아주머니들은 수십 년 만에 뵙는 분들이셨다. 어릴 때 초량 외가에서 자랐기에 나의 7~8세 어릴 적 모습을 기억하고 계신 그 아재들을 만난다는 건, 너무나 기대되고 흥분되는 일이었다. 그 꼬마가 이리 늙었나 하는 인사로 시작되는, 1960년대의 외갓집을 둘러싼 이야기들이 밤새 밑도 끝도 없이 이어져갔다. 모두 취한 표정으로 서로 기대고 앉아 화살같이 지나간 시간과 세월의 무상함을 노래했다. 할머니의 죽음은 동시에 남은 자들의 삶을 계량(計量)해주었다.

그렇게 분주하게 할머니의 삼일장은 지나가고, 우린 화장장(火葬場)을 거쳐 대전의 한 원불교 교당에 닿았다. 교당의 차가운 마루 감촉이 지금도 느껴지는 듯하는 그 점잖고 조용한 장소에서 할머니를 위한 마지막 기도가 시작되었다. 90여 년, 행여 지겹지는 않으셨는지? 1910년 한일병합조약 이후 칼 찬 일제 순사를 보면서 자란 어린 시절, 울산 실리(實里)에서 부산으로 시집와 일본인들의 주요 상가 거리였던 중앙동에서 첫 살림을 시작하고, 이내 중앙동 화재로 초량으로 거주지를 옮긴 일. 해방 이후 할아버지의 사업이 번창해 아주 큰 집으로 이사한 일 등. 과거 내가 들었던 많은 일이 영화 속 장면처럼 스쳐 갔다. 내가 참 많이 좋아한 외할머니였는데…. 그러나 눈물 한 방울 흘리지 않고 할머니를 보내드렸다.

할머니께서는 당연히 다음 생을 위해 가셔야 했고, 우리도 머잖아 여기를 떠나 다른 곳으로 가야 되는 것이 필연(必然)이기 때문에 오늘도 최선을 다해 행복하게 사는 일만 남아 있을 뿐이다. 이 글을 쓰면서 나는 나의 장례식 풍경을 상상해보았다. 나의 장례식에 오실 때에는 부디 검은 옷은 입고 오지 마세요. 그리고 내가 좋아했던 음악을 손녀에게 부탁하고 갈 터이니 그 음악을 모두 함께 들으면서 저와의 추억을 떠올려주세요. 장례는 한 사람의 평생을 마무리하는 마지막 의례(儀禮)로, 사람마다

삶이 다르듯 장례의 내용과 그 상징성은 달라도 된다고
본다. 혹시 당신은 당신의 장례에 대해 생각하고 준비한,
멋진 계획이 있으신지.*

* 이 글은 필자의 『모녀 5세대』(산지니, 2015)에 「외할머니의 장례식」이
란 제목으로 게재된 글임.

슬픔치유와 교훈

　　　　　　　중학생 시절, 나는 푸른색(blue)
을 좋아했다. 초등학교 시절에는 초록(green)을 좋아하
다가 어느새 그 색이 유치해 보이면서 코발트블루처럼
바다 빛 푸른색에 마음이 갔다. 게다가 'blue'라는 단어
에 '우울하다'라는 뜻이 있는 걸 알고는 은근히 더 좋아
져버렸다. 사춘기의 감성에서….

　blue(우울), sad(슬퍼다) 정도의 감정에서 벗어나 보지
못한 내가 '아주 슬프다. 그래서 우울하기까지 하다'는
슬픔(grief)을 느낀 것은 스물여섯 살에 경험한 여동생(당
시 부산대학교 사학과 4학년)의 죽음에서였다. 어린 시절부
터 만성질병에 시달려온 동생이었기에 그 아이의 죽음
은 우리 가족에게는 '예견된 죽음'이나 다름없었지만, 그
래도 숨을 거두고 표정이 사라지면서 아무런 미동도 없
는 동생을 바라보는 순간 나는 오열하였다. 평생 아프다
가 가버린 불쌍한 그 영혼이 너무너무 안쓰러워서 견딜
수가 없었다. 그러나 우린 이내 일상으로 돌아와 밥도 먹
고, 출근도 하고, 때로는 웃기도 하면서 슬픔을 잊어갔
다. 그래도 참 총명하였던 동생을 기리는 마음은 평생 사
라지지 않았다. 그 또래의 친구들(동생이 1년 휴학을 하였기

때문에 ○○여고 46회, 47회 친구들)을 보면 속으로 '우리 복숙이를 알까?'라는 생각이 항상 떠올랐다. 가끔 어떤 곳에서 동생의 친한 친구를 만나게 되면 나는 눈물을 삼키기도 했다.

그러나 정말 갑작스럽게 배우자나 자녀를 죽음으로 잃어버린 사람들의 슬픔은 '고통스러운 슬픔'인 비탄(bereavement)에 더 가깝다. 특히 사인(死人)을 모르거나, 주검을 확인하지 못한 가족들에게는 그 죽음이 부정(否定)되며, 그 상실(喪失)은 일상의 삶이 불편하거나 훼손되는 지경에까지 이르고, 남은 가족들은 우울 등과 같은 정신적 장애를 경험하기도 한다.

모든 슬픔이 다 같은 모양이나 강도도 아니지만, 슬픔을 연구한 학자들은 슬픔이 전개되는 과정을 부정-분노-원망-죄의식-우울-포기-수용-회생 등으로 설명하고 있으며, 슬픔치유 측면에서 각 과정마다 적절한 개입을 제언한다. 이 과정에서 치유의 가치를 알고 치유자로서의 마음가짐을 지닌 가까운 가족이나 친지가 도와주면 그지없이 좋은 환경이 조성되는데, 그렇지 못하면 슬픔상담 전문가(애도 상담사 등)를 방문하는 것도 필요하다. 상담사는 내담자의 개인상황, 슬픔 단계 등을 고려하여 적절한 개입을 계획한다. 활동을 통해 내담자의 심리적 고통을 풀어내면서, 슬픔의 원천인 고인(故人)

과의 관계에 대해 새로운 해석을 찾고, 고인의 존재가치 등을 찾도록 도와준다. 그래서 좀 더 빠른 시일 내에 '정상적 슬픔'으로 이끌어주며, 다시 새로운 희망을 가질 수 있도록 지지해준다.

그러나 상실과 그로 인한 슬픔을 깨끗이 잊어야만 하는 것은 아니다. 살아남은 가족들의 일상은 회복되어야 하겠지만, 그 죽음을 잊지 않는 것, 때로는 헛되게 하지 않으려고 '슬픔을 간직'하는 것은 상징적으로 필요하다고 본다. 특히 고인의 죽음에서 사회적 의미를 발견해 낼 수 있다면 우리는 힘을 모아 그 죽음의 가치를 잊지 않도록 노력해야 한다. 지금도 많은 분들이 노란 리본을 달고 다니면서 '세월호 참사'*를 잊지 않으려 하는 것이나, '박종철 열사'** 추모행사 소식을 듣는 것도 그 죽음을 의미 있게 오래오래 간직하려는, 그래서 이 사회가 더 좋은 세상으로 가야 한다는 소망들이 그 슬픔에 담겨 있기 때문이다. 슬픔이 치유되면서 우리에게 교훈을 줄 때, 그 슬픔은 결코 사라지는 것이 아니다.

* 2014년 4월 16일, 인천에서 제주로 향하던 여객선 '세월호'가 진도 인근 해상에서 침몰하면서 승객 300여 명이 사망, 실종된 대형 참사. 이 사건은 박근혜 전 대통령 탄핵의 주요 사유가 되기도 했다.
** 1987년 경찰의 고문으로 사망한 부산 출신의 학생운동가. 그의 죽음은 당시 시대적 상황으로 억눌려 있던 민주항쟁의 불씨가 되었다.

사회적 죽음

한 개인이 병으로 세상을 떠나도 세상은 단순히 개인적인 죽음으로 간주하지 않는다. 그 사람이 살아온 시대적 배경과 의료 기술, 사회적 역할에서 받은 스트레스 등에 다양한 사회적 의미가 담겨 있기 때문이다. 어떤 사람의 죽음은 그 시대정신을 상징하기도 한다. 어떤 죽음이 사회적 의미를 풍성히 만들어낼 때, 그 죽음은 단순한 죽음이 아닌 사회적 죽음으로 간주되며, 그 죽음이 던져준 메시지를 찾으려고 노력하는 사회가 발전 가능한 사회라고 믿는다.

순식간에 수많은 목숨을 앗아간 사건들은 전형적인 집단 죽음으로, 그 죽음이 상징하는 사회적 의미는 다양하고 울림도 크며 나아가 통절한 반성을 요구하기도 한다. 열차 탈선이 나면 승무원 근로 환경을 주목하고, 가스관 폭파 사건 때는 정부의 안전대책 능력을 질타하며 관련 정책 수립을 요구한다.

2016년 서울의 지하철 화장실에서 한 젊은 여성이 일면식도 없는 남자가 휘두른 흉기에 사망했다. 경찰에 붙들린 범인이 "여자들이 자신을 무시해서 범행을 저질렀다"고 진술하는 바람에 '여성혐오'가 중요 이슈로 등장하였다. 이번 사건을 통해 여성혐오 의식이 남성 전반에 걸쳐 폭넓게 잠재되어 있음을 알게 되었다. 언제든 범죄를 저지를 수 있는 잠재적 위험인물들이 예상보다 더 많이 길거리를 활보하고 있을 정도로 우리나라의 정신보건 실태가 심각하다는 것도 이 죽음은 설명하고 있다. 이 사건을 단순히 나쁜 한 남자에 의한, 운이 나쁜 한 여자가 당한 사건 정도로 보는 것은 이 죽음을 바르게 해석하는 것이 아니다.

'세월호'로 상징되는 2014년 4월의 집단 죽음은 전형적인 '사회적 죽음'이다. 한 사회가 수많은 생명을 살리겠다는 '적극적 의지(그중 몇 분은 예외)'를 자발적으로 포기하는 바람에 무고한 생명이 희생되었기에 나는 대표적인 사회적 살인 내지 사회적 죽음이라고 본다. 정황상, 충분히 살릴 수 있는 환경이었음에도 아이들이 죽도록 내버려둔(가끔 고의성이 있지 않았는지를 의심하는) 이유는 지금도 이해되지 않는다.

집단적 죽음에서 '진실 규명'은 절대적으로 필요한 것이다. 그런데 3년이 지난 지금까지도 시원하게 밝혀진 것이 없다. 오히려 우리 사회는 사건의 진실에 다가서기는커녕 온갖 풍문을 만들어내면서 집단 죽음의 사회적 의미를 왜곡하고 있다. 본질은 '왜 그들이 죽었는가'이다.

어떤 드라마에 등장하는 팔순의 여인은 시간만 나면

'대한민국 헌법'을 읽는다. 이 세상의 모호한 것은 모두 '헌법이 담고 있는 가치'로 귀결된다. 드라마는 우리가 헌법에 보장된 기본권을 보장받지 못하는 나라에 살고 있다는 것을 우회적으로 알려준다. 사회적 죽음에는 진실 규명이 가장 우선이고, 그다음 피해자와 유가족에 안겨준 상처를 치유하는 일은 사회적 책무로 남는다. 이를 외면하는 사회는 위험한 사회이다. 하나밖에 없는 나의 목숨이 언제 어떻게 될지 모르는 나라에 살고 있다고 생각하기는 싫다.

함께 슬퍼하는 세상

자식을 잃은 부모의 비탄은 이루 말할 수가 없다. 특히 한참 더 성장할 수 있는 자식을 순식간에 주검으로 만나는 부모의 슬픔, 아니 비탄은 자신이 죽음에 내몰린 것처럼 끔찍한 경험으로 남는다고 한다. 이런 끔직한 경험은 잘 풀어내지 않으면 마음에 분노, 죄책감 등이 쌓여 일상을 힘들게 만들곤 한다. 치유가 필요하다. '슬픔(애도) 치료사'라고도 불리는 상담사 혹은 치유자들이 집단 혹은 개인별로 아픈 마음을 드러내게 만들면서 슬픔이 희석되도록 도와준다.[*]

'어떤 사회적 죽음' 앞에서는 집단적 애도 작업이 필요하다. 직접 그 장소를 찾아가서, 함께 기도하고, 상징적인 물건을 공유하는 방법도 있다. 그러나 보다 중요한 것은 그 죽음이 던져준 '의미'를 찾고 되새기면서, 그런 죽음의 피해가 더 이상 확장되지 않도록 대처하는 것이다. 그런 애도 과정을 통해야만 슬픔에서 다소 벗어날 수도 있는 것은 물론이고, 더 중요한 것은 집단적 애도 작업을 통해 그런 슬픈 사건과 고인(故人)을 가슴 깊이 간직하게 되는 것이다.

정신 분석학자 프로이트는 "성공적인 애도 작업이 인

간의 삶에는 매우 중요하다"고 했다. 애도가 적절히 이루어지지 않으면 슬픔과 화난 감정이 걸러지지 못하여 병리적 정서(우울 등)가 발생할 수 있다는 것이다. 애도를 통해 점진적으로 고인을 잊어야 한다고 해석할 수도 있다. 이때의 잊음은 그 사람과 관계를 잃어버린 것에서 회복하는 과정이 되어야 한다고 했다.

그러나 프랑스 철학자 자크 데리다는 오히려 애도의 실패야말로 우리가 고인과 그 죽음을 영원히 기억하는 것으로, "그의 실존과 상관없이 그를 잊지 않는 게 가장 참다운 사랑이지 않은가"라고 되물었다. 그래서 그는 오히려 애도를 예찬하고 그 죽음을 정의롭게 해석하여 더 기억하라고 한다. 죽음에도 불구하고 그 사랑은 계속되어야 하는 것이라고.[**]

슬퍼하라, 계속 슬퍼하라! 그리고 그 슬픔을 보듬는 이웃이 되자. 함께하는 그 마음은 슬퍼하는 자들을 치유시켜줄 것이다. 마음을 나누지 못하면 언젠간 나도 또 하나의 피해자가 될 것이다. 두려워 말고 연대하여 함께 나아가라. 그러면 그 힘이, 아무렇지도 않게 사람을 죽게 만드는 그 조건들을, 바꾸어줄 것이다.

팽목항의 노란색 리본, 강남역의 작은 메모지는 함께하는 애도 작업의 좋은 예들이다. 미국이 이라크 공습을 결정하자 군복을 벗고 평화운동가로 변신한 앤 라이트는 "전쟁이야말로 국익을 위한 집단적 타살로, 어느 사건 사고로 인한 죽음보다 우리가 더 관여하고 분노하고, 애도해야 한다"고 했다. 함께 애도하는 것은 더 좋은 세상을 만들어나가기 위한 또 하나의 방법이다.

* 애도상담사와 연결이 필요하다면 '각당복지재단의 삶과죽음을생각하는회'와 '한국다잉매터스'로 연락하면 됨.
** 왕은천, 『애도예찬』, 현대문학, 2012.

유가족 모임
-함께하는 애도 작업

'유가족(遺家族)'이란 '가족을 잃은, 남은 자들'을 지칭하는 말이다. 죽음은 개인적 관계에서 발생하더라도 그에 대한 설명이 요구된다. 그런데 죽음을 설명하고 책임져야 할 '국가'에 의해 가족을 잃은 사건이 발생했음에도 불구하고, 국가가 그 책무를 회피, 은폐 내지 진실을 오도할 때, 유가족들은 공동대응을 할 수밖에 없다. '유가족협의체'로 활동을 한다는 것은 '가족을 억울하게 잃은, 때로는 장례조차 치를 수 없는, 한이 맺힌 죽음'이 그만큼 많다는 것이다.

1980년 중·후반, 우리나라 대학에서는 의문의 죽음이 많았다. 시국 사건에 연루돼 수배된 대학생이 어느 날 주검으로 돌아오곤 하였다. 당연히 가족의 입장에서는 그 죽음이 수용되지 않았고, 죽은 자식은 부모의 가슴에 한동안 살아 있었다. 시간이 지나자, 그런 원초적 슬픔에 머물러 있던 유가족들은 내 자식이 목숨을 바쳐 변화시키고자 했던 '우리나라, 대한민국'에 대해 관심을 가졌고, 자식이 하고자 했던 그 일(사회민주화 운동)을 하는 일이 남은 자들의 진정한 애도임을 알았다. 혼자보다는 함께하는 애도 작업이 필요하였다. 그 애도 작업의 첫 단계가 '전국민족민주유가족협의회'의 창립이었다. 이 단체가 최근 창립 30주년을 맞이하였다. 분신, 음독, 투신, 고문 등으로 죽어버린 자식들을 끌어안고 살아온 그 이야기는 눈물 없이는 듣지도 보지도 못한다.

가족이 억울한 죽임을 당했을 때 참기 힘든 고통을 느끼는 것은 당연한 일이다. 그런 처지에 놓인 사람들이 모여서 만든 모임을 통해 서로 위로받고, 때로는 함께 대처해 나가면서 새로운 사회적 가치를 만들고 삶의 희망을 찾아간다. 올바른 문제 해결 과정이다. 그런 모임 중 하나인 '전국민족민주유가족협의회'도 더 이상 이런 억울한 죽음이 안 생기는 세상을 만드는 것을 목표로 활동하고 있다.

그러나 세상은 변한 듯하지만 여전히 변하지 않은 채, 해명되지 않고 위로받지 못하는 죽음이 여전히 발생하고 있다. 2009년에 발생한 용산 참사 사건(재개발과정에서 철거민과 경찰이 대치하면서 6명이 사망한 사건)과 2014년의 세월호 침몰 사건이 대표적인 사례다. 최근 논란이 되는 일제강점기 종군 위안부 문제도 마찬가지다. 피해를 본 할머니들이 바라는 것은 위안부를 동원하는 일에 공권력이 개입한 사실에 대한 일본 정부의 공식 인정과 사과에 이은 진심 어린 위로다. 배상과 명예 회복은 그다음 단계다. 그런데도 양국 정부는 돈다발을 내밀며 피해자들을 모욕하고 있다.

보통 사람들은 자동차 접촉 사고에서도 사과가 우선하고 그다음 단계에서 배상 등 사후 처리 방안을 의논한다. 더욱이 가해자가 존재하는 사회적 죽음에도 불구하고 도의적 책임조차 마다하는 사람들이 주관하는 세상은 바른 사회가 아니다. 아 불쌍한 대한민국이여!

나가며

좋은 죽음을 선택할 나의 의지

좋은 사람-나쁜 사람, 좋은 음식-나쁜 음식, 좋은 이혼-나쁜 이혼의 개념처럼 좋은 죽음과 나쁜 죽음도 있다. 사람이 좋고 나쁨을 따질 때 그 기준은 그가 얼마나 이타적인가이다. 좋은 음식과 나쁜 음식을 가리는 기준은 우리 건강에 얼마나 긍정적 영향을 미치는가이다. 좋은 이혼과 나쁜 이혼은 잘 들어보지 못했겠지만 이혼 상담에서는 많이 쓰이는 개념이다. 이혼을 하면서 가능한 한 상처를 서로 적게 주고받는 방향으로 이혼과정이 진행될 때 우리는 좋은 이혼을 목표로 한다. 나쁜 이혼은 이혼 후의 삶을 더욱 어렵게 만들고, 특히 자녀들은 그 나쁜 이혼에서 파생되는 부정적 정서(情緒)로 피해를 입을 수 있다.

좋은 죽음과 나쁜 죽음의 기준은 인간으로서의 존엄성을 얼마나 유지하면서 임종을 맞는가로 설명된다. '좋은 죽음'은 때로 '존엄한 죽음', '품위 있는 죽음'이라는 용어로 사용되기도 한다. 그러면 '인간의 존엄성'은 무엇인가. 우리가 죽음과 존엄성을 연관시켜 생각해보게 된 것은 '식물인간' 상태에서 그 가족들이 '환자의 죽을 권리'를 주장한 사건들에서이다. 혼수상태에 빠져 있고, 인공호흡기에 의해서 호흡이 유지되고, 의학적으로 깨어날수 있을 것인가에 의료전문가들이 명료한 답을 주지 못할 때, 우리는 그가 인간으로서의 존엄성이 유지되지 못하고 있다고 판단한다. 인간으로 생명유지를 위한 어떤 기능(숨을 쉬고, 주위와 소통하는 등)도 하고 있지 못하면서, 그래도 죽지 않는 상태에 놓여 있을 때 우리는 안타까워하고, 그가 나쁜 죽음에 처했다고 본다.

인간은 죽을 권리를 가지고 있다(그렇다고 이 논의가 자살, 안락사로 뛰어넘지는 않으면 좋겠다). 그 권리는 스스로가 지키고, 스스로가 발현해야 하는 것이다. 내가 (원하지 않았지만, 결과적으로) 존엄하지 않은 어떤 상태에 처해졌을 때, 내가 자연스럽게 죽도록(나의 존엄성을 유지하도록) 지켜보는 가족들에 둘러싸여 있을 때, 비로소 나는 좋은 죽음을 선택할 지점에 서게 되는 것이다. 좋은 죽음의 선택에는 원하지 않는 죽음을 거부할 수 있는 의지가 필요하다. 어떤 임종을 바라는가? 죽음에 관한 나의 의지를 글로 적어보고, 가족들에게 일러주어야 비로소 좋은 죽음을 선택할 기회는 많아진다.

'엔딩 노트' 보급 사업을 시작하며

　함께 죽음학(thanatology)을 공부하고, 국제표준죽음 교육자격증(Certification on from ADEC, USA)을 받은 동료들이 모여 '엔딩 노트(Ending Note)'* 보급 사업을 시작하였다. 중·노년층 대상으로 열심히 교육을 다니면서 남은 시간을 더 보람되게, 더 행복하게, 더 옆 사람들을 사랑하면서 살아가도록 도와주는 교육이다.

　선하고 서로 도우며 살아야 하는 마음은 '나의 마지막'을 생각해봄으로써 쉽게 만들어낼 수 있다. 그런데 나의 마지막(엔딩, ending)을 생뚱맞게 끄집어낼 수가 없어 노트는 먼저 '지금의 나에 대한 성찰'로 시작한다. 나는 누구인가, 나는 무엇을 하면서 하루를 보내는 사람인가, 내 옆에는 어떤 사람이 있는가, 난 늘 누구를 만나고 무슨 이야기를 하는가. 이런 질문들은 지금의 나를 새롭게 보게 해준다. 특히 나의 호위망이라고 볼 수 있는, '나'를 둘러싼 좋은 사람들을 가족, 친인척, 친구, 이웃, 사회적 동맹관계인 순으로 동심원을 그리면서 적다 보면 내가 힘들 때 누구로부터 위로받을 수 있으며, 내가 더 관심을 쏟고 사랑해야 할 대상이 누구인지가 보인다.

두 번째로 엔딩 노트는 '나의 과거'를 훑어보게 한다. 이때 몇 장의 사진을 준비하면 더 좋다. 그 사진들을 통해 나는 그 시절 그때의 '나'와 '나의 환경, 그때의 사람들'을 잘 회상할 수 있기 때문이다. 어떤 분은 어릴 적부터 지금까지의 사진들 중 자신의 얼굴만 찾아 20여 장을 나이순으로 배열하고는 감격해 한다. '이게 나야? 내가 이렇게 변했구나, 산다고 수고했다' 등의 심정이 자신의 얼굴을 보면 자연히 우러난다. 가끔 사진이 전혀 없는 사람도 있다. 그러면 눈을 감고 어린 시절부터 지금까지의 인생을 한번 쭉 회상해보라고 한다. 열 살의 나, 서른의 나, 오십의 나. 그 시절 나는 어디에서 누구와 지냈는가, 그때 나는 얼마나 행복·불행하였는가? 등이 연상되어 함께 떠오른다. 소위 자서전 적기의 과정이다. 물론 별도의 '자서전 만들기' 프로그램도 있다. 이렇게 나의 과거, 나의 인생을 쭉 당겨 필름처럼 돌려 보면서(글로 써보면서) 뿌듯해하기도 하고 반성하기도 하면서 앞으로 남은 생에 관심을 더 기울이게 된다.

엔딩 노트의 마지막 부분은 '나의 미래'이다. 이제부터 어떻게 살아야 하고(나의 버킷리스트 등이 언급된다), 언젠가 나에게도 닥칠, '그 마지막(임종, ending)'을 위해 뭘 준비해야 하는지(아프면 어디로? 또 어디서 어떤 치료를? 연명치료와 연명치료 거부의 차이는?) 등도 공부한다.

'나의 미래'에서 중요한 것은 이러한 나의 소망을 자녀와 함께 공유하는 것과 이를 통해 '이 행성에 와서, 살다, 그리고 사라지는 나의 삶'의 의미나 보람을 찾는 것이다. '힘들게 살아왔는데(한국 전후세대의 청·장년기는 힘들고 힘들었다), 지나고 보니 일가(一家)도 이루었고, 세상 발전에 기여도 하였고, 지금은 남을 도와 자원봉사 활동까지 하는 자신이 대견스럽다'고 여겨지면 '잘 산 것이고 이제 죽어도 여한이 없다'로 마감된다. 잘 사셨고(wellbeing) 잘 늙으셨고(wellaging), 이제는 잘 죽는 일(welldying), 즉 훌륭한 엔딩만 남아 있다.

* 시중에는 여러 종류의 엔딩 노트가 판매되고 있다. 저자는 '한국다잉 매터스(Korean Dying Matters)'가 제작한 '엔딩 노트 1, 2'를 권하고 싶다.(건강관리는 어떻게, 가족들과는 어떻게 더욱 사랑하면서 지내야 하는지, 혹시 화해가 필요하다면 어떻게, 언제 해야 하는지, 그리고 나의 버킷리스트 등이 언급된다.) 이 노트에는 자신의 삶을 되돌아보면서 적는 '사진으로 보는 자서전', 이 자서전을 통해 나의 삶과 용기 있게 살아온 나를 칭찬해 주기, 앞으로의 할 일과 버킷 리스트, 아플 때를 대비하여 미리 적어두는 '사전연명의료의향서', 가족들과 의논한 나의 장례 계획, 그리고 상속과 유언에 관한 것들이 보관되도록 되어 있다. 여러 번 적으면서 수정해도 된다. 이 작업을 통해 내가 결코 헛되이 산 게 아니구나라는, 나의 삶의 의미를 찾는 것이 가장 중요하다.

당당한 안녕: 죽음을 배우다

초판 1쇄 발행 2017년 9월 29일

지은이 이기숙
펴낸이 강수걸
기획 이수현
편집장 권경옥
편집 정선재 윤은미 박하늘바다 김향남
디자인 권문경 조은비
펴낸곳 산지니
등록 2005년 2월 7일 제333-3370000251002005000001호
주소 부산시 해운대구 수영강변대로 140 BCC 613호
전화 051-504-7070 | 팩스 051-507-7543
홈페이지 www.sanzinibook.com
전자우편 sanzini@sanzinibook.com
블로그 http://sanzinibook.tistory.com

ISBN 978-89-6545-437-3 03330

::산지니에서 펴낸 책::

사회과학

계급 이해하기 에릭 올린 라이트 지음 | 문혜림·곽태진 옮김

베트남 전쟁의 유령들 권헌익 지음 | 박충환·이창호·홍석준 옮김 *제12회 경암학술상 인문사회 부문 수상

지역사회와 민주주의를 말하다 부길만 지음

동중국해 문화권의 민가 윤일이 지음

바이마르 헌법과 정치사상 헤르만 헬러 지음 | 김효전 옮김

아메리칸 히로시마 데이비드 J. 디오니시 지음 | 정성훈 옮김

들어라 미국이여 피델 카스트로 지음 | 강문구 옮김

이데올로기와 미국 외교 마이클 H. 헌트 지음 | 권용립·이현휘 옮김 *2010 시사인 올해의 책

추락하는 제국 워런 코헨 지음 | 김기근 옮김

하이재킹 아메리카 수전 조지 지음 | 김용규·이효석 옮김

수전 조지의 Another world 수전 조지 지음 | 정성훈 옮김

팔루자 리포트 빙 웨스트 지음 | 이종삼 옮김

만들어진 점령서사 조정민 지음

르포, 절망의 일본열도 가마타 사토시 지음 | 김승일 옮김

폭력 우에노 나리토시 지음 | 정기문 옮김

우리 옆의 약자 이수현 지음

나는 시의회로 출근한다 김영희 지음

진보와 대화하기 김석준 외·김외숙·송성준 지음 | 이광수 엮음 *2006 문화관광부 우수학술도서

만화로 보는 노무현 시대 이창우 글·그림

범죄의 재구성 곽명달 지음

절망사회에서 길 찾기 현장 편집부 엮음

차이나 인사이트 김동하 외 지음

글로벌 차이나 이종민 지음

21세기 중국! 소통과 뉴트렌드 공봉진 외 지음

변방이 중심이 되는 동북아 신 네트워크 이창주 지음

여성학 이메일 수업 김선경 지음

이주민과 함께 살아가기 이주노동자와 연대하는 전일본 네트워크 지음 | 이혜진·이한숙 옮김 *2007 한국간행물윤리위원회 청소년도서

미국 대학의 힘 목학수 지음 *2014 한국출판문화산업진흥원 청소년도서 *2014 한국연구재단 우수저서

공학자의 눈으로 본 독일 대학과 문화 목학수 지음

문제는 교육이야 김석준 지음

부산언론사 연구 채백 지음 *2013 대한민국학술원 우수도서 *2013 한국언론학회 학술상

부산화교의 역사 조세현 지음

부산의 오늘을 묻고 내일을 긷다 장지태 지음

부울경은 하나다 강병중 지음

강수돌 교수의 나부터 마을혁명 강수돌 지음 *2010 환경부 우수환경도서

반송사람들 고창권 지음

대천마을, 사진을 꺼내 들다 맨발동무도서관 엮음

우리가 만드는 문화도시 문화도시네트워크 지음

귀농, 참 좋다 장병윤 지음

폐교, 문화로 열리다 백현충 지음

수다, 꽃이 되다 임숙자 엮음 | 백복주 사진

SNS시대 지역신문기자로 살아남기 김주완 지음

현미경으로 들여다본 한국사회 정영인 지음

촌기자의 곧은 소리 장동범 지음 | 안기태 그림

사람이 희망이다 : 파워인터뷰 42 손정호 지음

환경

아파트키드 득구 이일균 지음 *2012 환경부 우수환경도서

황금빛 물고기 김규정 글·그림 *2013 학교도서관저널 추천도서 *2013 문화관광부 우수교양도서

습지와 인간 김훤주 지음 *2008 환경부 우수환경도서

기후변화와 신사회계약 김옥현 지음

한반도 환경대재앙 샨샤댐 진재운 지음 *2008 환경부 우수환경도서

백두산에 묻힌 발해를 찾아서 진재운 지음

도시, 변혁을 꿈꾸다 정달식 지음 *지역신문발전위원회 지원도서